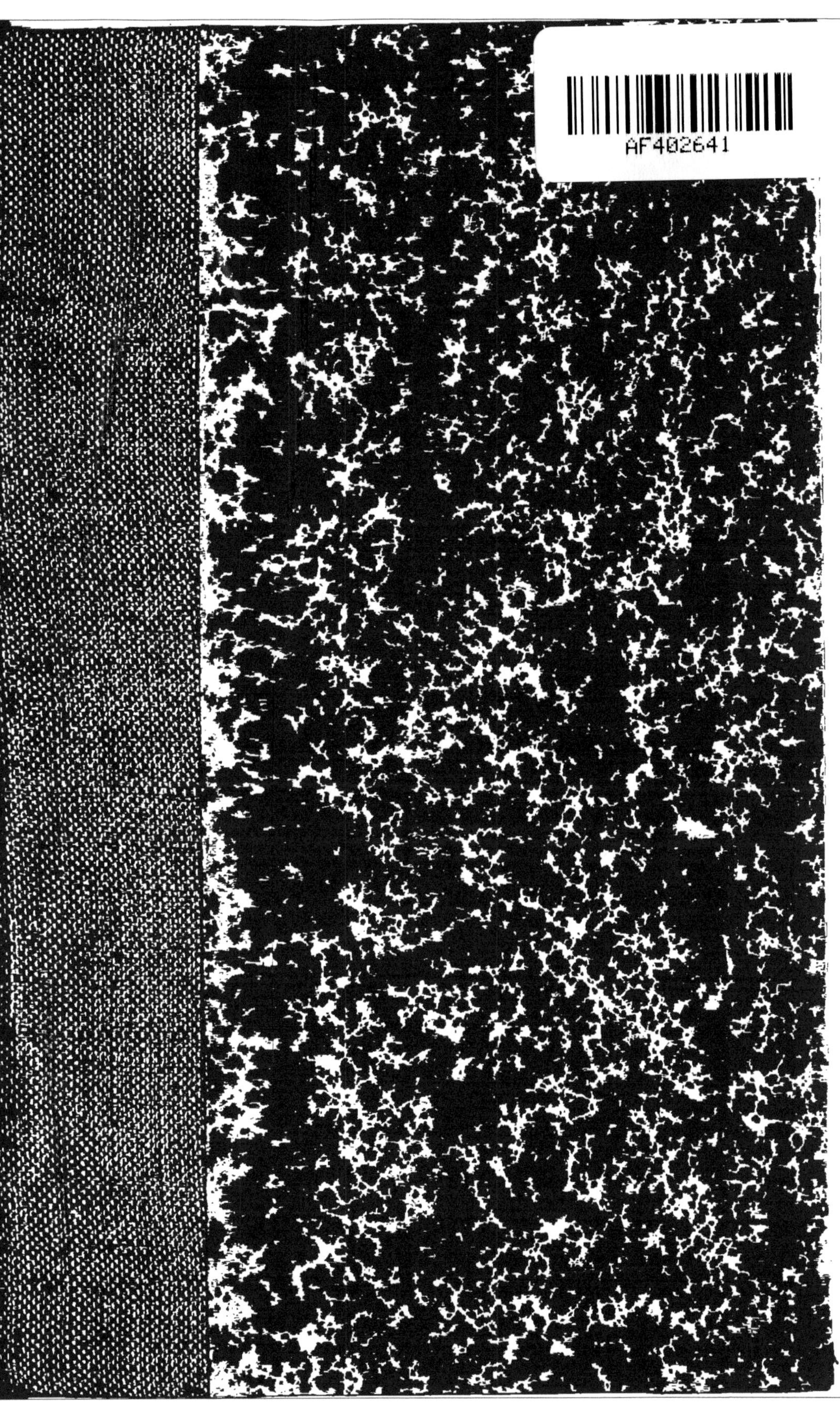
AF402641

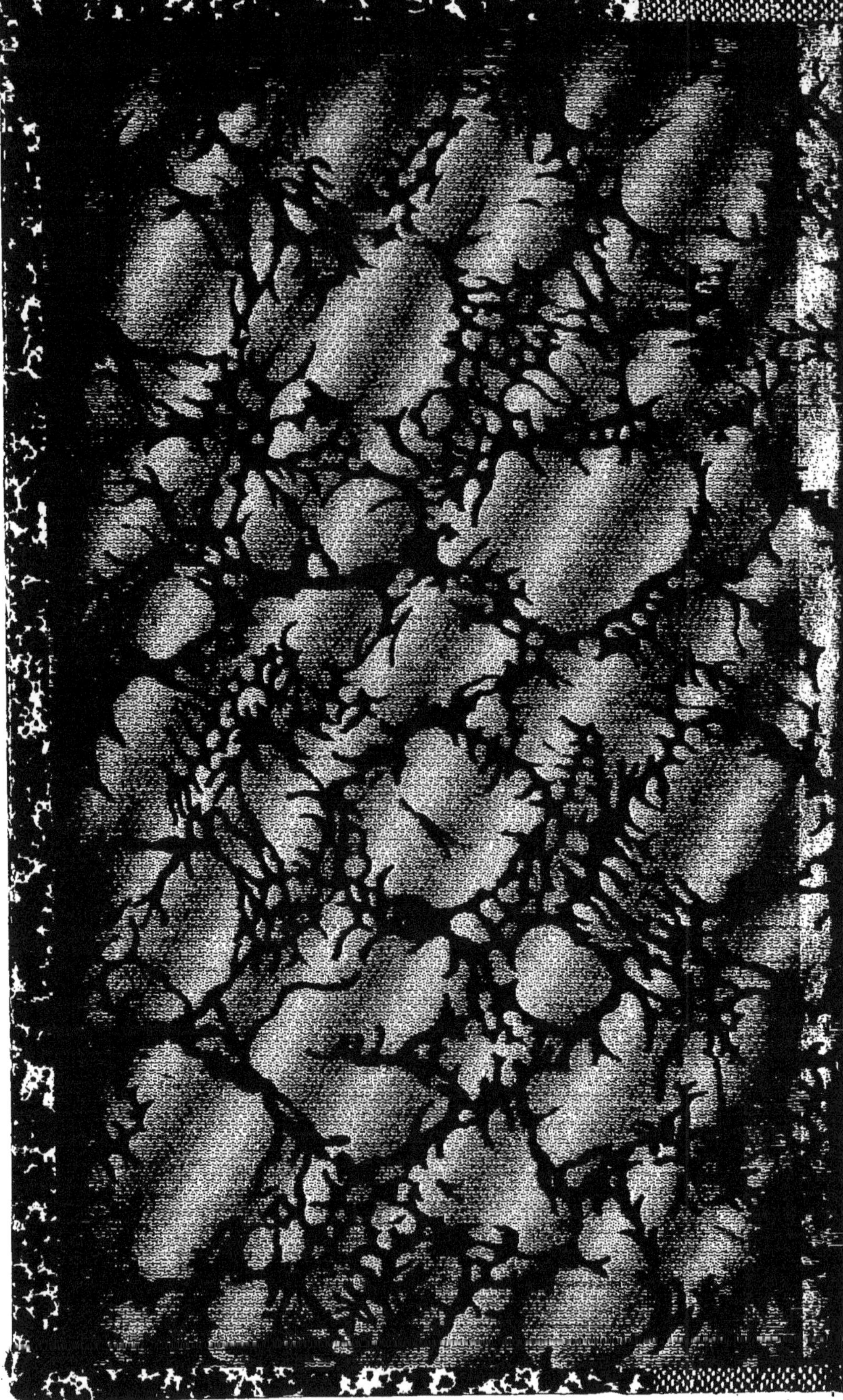

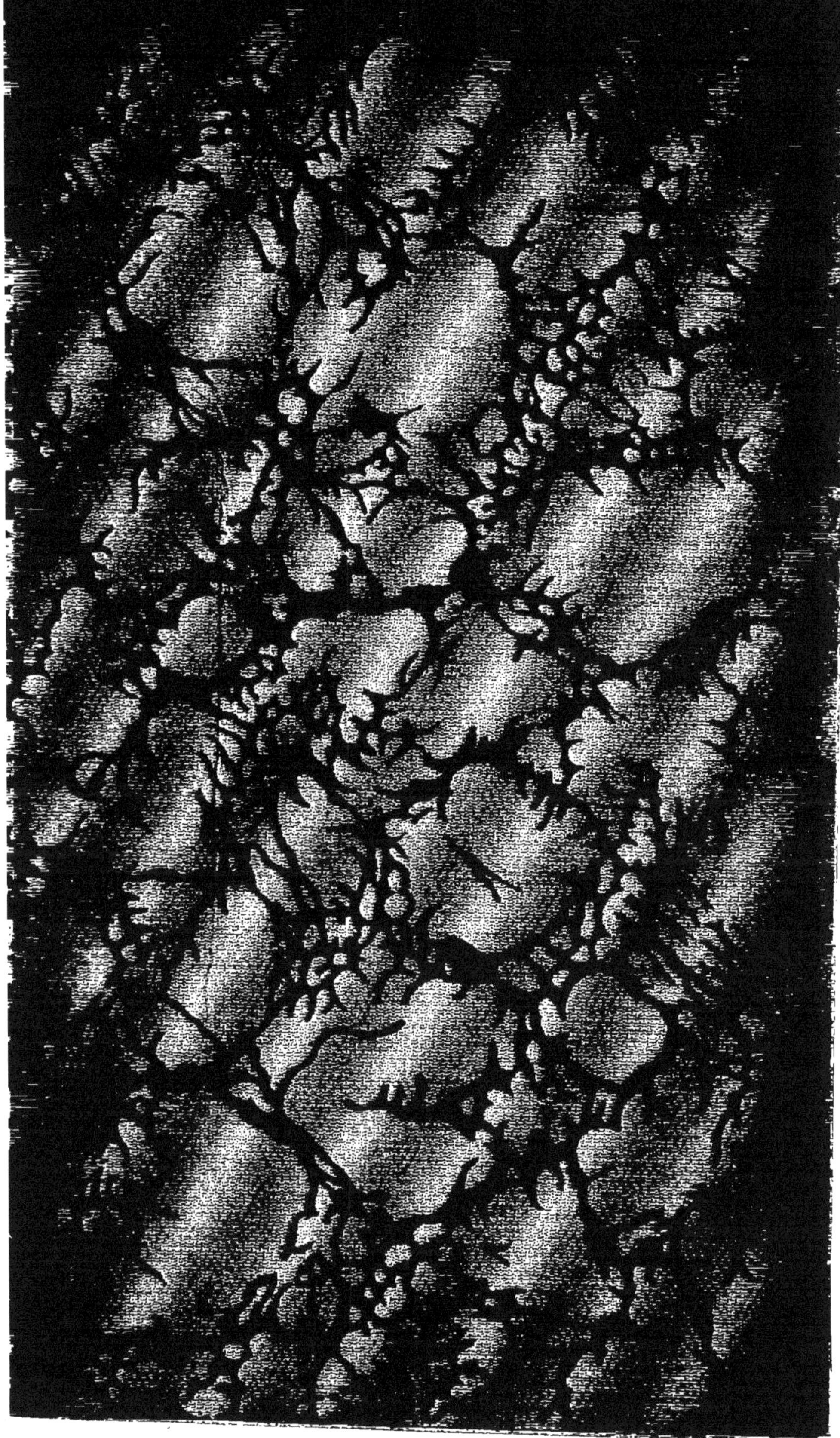

CHARLES LE GOFFIC

DIXMUDE

UN CHAPITRE
DE
L'HISTOIRE DES FUSILIERS MARINS

(7 OCTOBRE-10 NOVEMBRE 1914)

Avec une carte et douze gravures

PARIS

LIBRAIRIE PLON

PLON-NOURRIT ET Cie, IMPRIMEURS-ÉDITEURS

8, RUE GARANCIÈRE — 6^e

1915

Il a été tiré de cet ouvrage

*25 exemplaires sur papier de Hollande, numérotés
de 1 à 25.*

DIXMUDE

UN CHAPITRE

DE

L'HISTOIRE DES FUSILIERS MARINS

OUVRAGES DU MÊME AUTEUR

POÉSIE

Poésies complètes. *(Amour breton; le Bois dormant; le Pardon de la reine Anne; Impressions et Souvenirs.)*

ROMANS

Le Crucifié de Keraliès. *(Ouvrage couronné par l'Académie française.)*
La Double Confession.
La Payse.
Morgane.
L'Erreur de Florence.
Les Bonnets-Rouges.
Ventôse.
Passions celtes.
Le Pirate de l'île Lern.
La Théologale. *(En préparation.)*

CRITIQUE

Les Romanciers d'aujourd'hui.
Nouveau traité de versification française.
Racine. *(2 volumes.)*
La Littérature française au XIXe siècle, tableau général, 1800-1914. *(2 volumes.)*

ÉTUDES DIVERSES

Sur la Côte. *(Ouvrage couronné par l'Académie française.)*
Les Métiers pittoresques.
Fêtes et Coutumes populaires.
L'Ame bretonne. *(Trois séries.)*
(Prix d'ensemble Alfred Née. Académie française, 1908.)

PARIS. TYP. PLON-NOURRIT ET Cie, 8, RUE GARANCIÈRE. — 21073.

(Phot. Malfaiti.)

LE CONTRE-AMIRAL RONARC'H

COMMANDANT LA BRIGADE DES FUSILIERS MARINS

CHARLES LE GOFFIC

DIXMUDE

UN CHAPITRE

DE

L'HISTOIRE DES FUSILIERS MARINS

(7 octobre-10 novembre 1914)

Avec une carte et douze gravures

PARIS

LIBRAIRIE PLON

PLON-NOURRIT ET Cie, IMPRIMEURS-ÉDITEURS

8, RUE GARANCIÈRE — 6^e

1915

Tous droits réservés

A MON FILS

JEAN LE GOFFIC

Médecin au 3ᵉ Bataillon

du 1ᵉʳ Régiment de la Brigade des Fusiliers marins

INTRODUCTION

La louange, a-t-on dit, languit auprès des grands noms. Elle languit aussi auprès des grandes choses, et c'est par « la seule simplicité d'un récit fidèle » qu'on peut se flatter de ne pas trop les diminuer.

Ces grandes et belles choses accomplies par la brigade des fusiliers marins, le public, hier encore, les ignorait. Elles dormaient sous un amas confus de notes, de communiqués, de lettres de service, de schémas d'opérations, de correspondances particulières et d'articles de journaux : ce n'était pas une petite entreprise d'y porter la lumière, — la discrète lumière *qu'autorise dame Censure. Tout paraît simple, aisé, à qui les faits se présentent dans leur ordre logique et avec leur enchaînement régulier. L'historien qui « opère » sur une matière neuve sait ce qu'il en coûte pour y introduire ou, plutôt, y rétablir cet ordre et cet enchaînement. Et, avant de faire la philosophie de l'histoire, il faut commencer par écrire l'histoire* (1).

On ne s'étonnera donc pas outre mesure de ne trouver ici que des considérations en rapport direct avec les événements. Les faits nous ont plus occupé que les idées. Et, en définitive, rien n'est perdu, puisque ce sont des matériaux tout préparés pour l'établissement de cette mystique de la guerre que le sombre génie de Joseph de Maistre avait entrevue,

(1) *Qu'on nous permette de rappeler que Dix-mude a paru dans les numéros du 1er et du 15 mars 1915 de la* Revue des Deux Mondes, *antérieurement à toute étude générale sur le sujet.*

dont Vigny avait montré les effets en certaines âmes et qui sera demain notre religion nationale. On sent bien qu'un effort aussi rude, une tension aussi prolongée, un sacrifice aussi entier que ceux qui ont été demandés à la poignée d'hommes que voici, n'ont pu être obtenus par des moyens ordinaires. Il y a fallu un pacte spécial, un état de grâce particulier : le miracle n'était possible qu'au prix d'une étroite communion et, pour employer le mot propre, d'une véritable fraternité spirituelle entre la troupe et le commandement.

Si cette fraternité s'est observée dans toutes nos armes et sur presque tous les champs de bataille au cours de la lutte actuelle, peut-être ne fut-elle jamais aussi absolue que chez les fusiliers marins. Ils y étaient préparés sans doute. La mer est un champ de bataille perpétuel et l'on ne se sent guère moins à l'étroit sur un navire que dans une tranchée. La communauté du danger crée rapidement celle des cœurs :

pourrait-on concevoir autrement que les plus in-
dépendants, les plus individualistes des hommes,
transportés à bord, en soient les plus disciplinés?
C'est le cas des Bretons. A Dixmude, encadrés
par leurs officiers, gardant, avec l'habit, le
langage et l'âme de leur profession, ils restaient
encore marins. Il y avait d'ailleurs à côté d'eux
des inscrits de tous nos quartiers maritimes, de
Bayonne, de Toulon, de Dunkerque, etc. Et le
bataillon du commandant de Sainte-Marie,
formé à Cherbourg, contenait même un assez
joli lot de natifs des Batignolles. J'ai eu l'occasion de m'entretenir avec trois ou quatre de
ces « Parigots » : je ne conseillerais à personne
de « blaguer » devant eux leurs officiers. Et il
est vrai que, de ces officiers, si peu demeurent
que la plaisanterie, huit fois sur dix, risque-
rait de ne frapper qu'une ombre. Les mots les
plus profonds, les plus tendres, que j'ai enten-
dus sur le lieutenant de vaisseau Martin des
Pallières m'ont été dits par un fusilier de la

rue des Martyrs, Georges Delaballe, qui faisait le coup de feu avec lui devant le cimetière, la nuit où ses mitrailleuses encrassées ne jouaient plus et où cinq cents Allemands, conduits par un major qui portait le brassard de la Croix-Rouge, se jetèrent à l'improviste sur nos tranchées.

— Mais pourquoi l'aimiez-vous tant? lui demandai-je.

— Je ne sais pas... On l'aimait parce qu'il était brave et qu'il avait toujours le mot pour rire... mais surtout parce qu'il nous aimait.

Voilà le secret de cette emprise extraordinaire des officiers sur leurs hommes, l'explication du miracle de cette résistance de quatre semaines, à un contre six, sous la plus formidable dégelée d'obus de tous les calibres qui ait arrosé une position, dans une ville littéralement déchiquetée, dont tous les immeubles flambaient et où, suivant le mot d'un corres-

pondant du Daily Telegraph, *il ne faisait
plus ni nuit, ni jour : « il faisait rouge »*.
Quand les Boches eurent assassiné le commandant Jeanniot, ses hommes furent comme
fous. Ils n'auraient pas pleuré davantage un
père. On me communiquait récemment la lettre
d'un petit Breton, Jules Cavan, blessé à Dixmude, soigné dans un hôpital de Bordeaux et
qu'étaient venus voir les parents de l'enseigne
Gautier, tué le 27 octobre dans les tranchées
du cimetière.

« *Cher Monsieur, écrivait-il le lendemain à
M. Dalché de Desplanels, vous ne pouvez vous
douter combien votre visite m'avait pris au
cœur... Le 19 octobre, alors que mon bataillon
était à l'offensive, à Lannes, à trois kilomètres
de Dixmude, je fus blessé à la cuisse par une
balle. Je me suis traîné, comme j'ai pu, sur le
champ de bataille, les balles tombant toujours
à mes côtés. Je fis environ cinq cents mètres sur
le champ de bataille et je gagnai la route. C'est*

à ce moment que le lieutenant Gautier, m'apercevant dans le fossé, alors qu'il venait avec une section vers moi, me demanda : « Eh bien, « petit, qu'est-ce que tu as? — Oh! lieutenant, « je suis blessé à la jambe, et je ne peux pas me « traîner. — Tiens, monte sur mon dos! » Et il me porta dans une maison à Lannes, et il me dit ces mots, dont je me rappellerai toujours : « Reste là, petit, d'ici qu'on vienne te cher- « cher. Je vais faire prévenir les autos-ambu- « lances. » Puis il repartit au feu. Oh! le brave homme! »

Le brave homme! Jules Cavan fait écho à Georges Delaballe, le Breton au Parigot. Chez tous deux, c'est le même timbre cordial. Et parfois je me demande, penché sur ces ombres héroïques, lesquels furent les plus admirables, des officiers ou des marins? Quand l'enseigne Gautier reçoit l'ordre de remplacer le lieutenant de vaisseau des Pallières, enseveli par un obus dans la tranchée du cimetière où était déjà tombé le lieutenant Eno, il lit clairement dans son destin; il dit : « C'est mon tour. » Et il sourit à la mort qui lui fait signe. Mais je sais une circonstance où, la mort ne voulant pas d'eux, des fusiliers la provoquèrent ; où, après s'être battus jusqu'à épuisement de leurs cartouches, cernés de toutes parts, ne restant plus que quinze avec leur capitaine, celui-ci, pris de pitié et sentant l'inutilité d'une plus longue résistance, dit à ses hommes : « Mes pauvres enfants, vous avez fait votre devoir. Il n'y a plus qu'à se rendre. » Et, pour la première fois, désobéissant à leur capitaine, ils répondirent : « Non! » Rien ne montre mieux, à mon sens, le degré d'exaltation sublime, de complet oubli de soi, où nos officiers avaient porté le moral de leurs hommes. Tels étaient les élèves qu'avaient formés ces maîtres d'héroïsme que souvent leurs élèves les surpassaient. Il y avait, il y a encore à l'hôpital de Trouville, un jeune marin breton du nom de Michel Folgoas.

Sa blessure est une des plus effroyables qu'on ait vues; il a eu tout un côté du corps raboté par un obus, qui tua, le 2 novembre, près de lui, un de ses camarades de tranchée. « Moi, explique-t-il dans une lettre, sur le coup j'ai été étourdi. Je suis revenu à moi et j'ai fait trois cents mètres sans savoir que j'étais blessé. Il a fallu que les frères me disent : « Mon Dieu! On t'a enlevé la moitié! » — Et c'était vrai. Va-t-il gémir, crier? Il plaisante : « Comme les Boches y z'avaient faim, ils m'ont pris un bifteck dans le côté, mais c'est pas gênant, du moment qu'ils ne m'ont pas tout pris. »

Tirez ce Michel Folgoas à six mille exemplaires : vous aurez la brigade. Cet enfer de Dixmude est un enfer où l'on « ne s'en fait pas », suivant le mot des Parisiens. Et les battues de lapins, la chasse aux lièvres roux d'Allemagne qui détalent devant l'armée d'invasion, les corridas de muerte où nos Mokos ne crai-

gnent personne pour estoquer à la baïonnette quelque pacifique bœuf flamand abandonné de ses propriétaires, des équipées moins recommandables et, d'ailleurs, sévèrement réprimées, dans les sous-sols des estaminets de Dixmude, certaine histoire de gueuz-lambick où l'on voit, en plein jour, par les canaux, deux Bretons ramener triomphalement à la godille, sous un harnachement de gendarmes belges, un tonneau de bière forte déniché Dieu sait où, au temps où la brigade, officiers compris, n'avait pour toute boisson que l'eau saumâtre de l'Yser.

— cent et une fariboles du même genre, qui feront plus tard la joie des veillées, attestent que Jean Gouin (ou Le Gwenn, Jean-le-Blanc), comme s'appellent entre eux les marins, ne perdait pas complètement le nord au milieu des pires vicissitudes.

Une épopée donc, si l'on veut, ou, comme le proposait M. Victor Giraud, une « geste » française, telle fut Dixmude, mais une geste où l'héroïsme n'a rien de roide ni de compassé, où le naturel de l'homme de mer reprend à tout instant le dessus, où il y a du tonnerre, des éclairs, de la pluie, de la boue, du froid, des balles, des shrapnells, des marmites, des écrabouillements — et toute la jeune gaieté de la race.

Et cette épopée ne se termine pas à Dixmude; la brigade n'est pas restée l'arme au pied après le 10 novembre. Reconstituée par les dépôts, maintenue à l'effectif de deux régiments, elle connut d'autres fastes. Ypres et Saint-Georges la virent charger les bandes du prince Ruprecht après celles du duc de Wurtemberg. Dixmude n'est que le premier panneau du tryptique : sur l'ogive rompue de la noire capitale des Communiers, sur les fonds livides du plat pays nieuportais, la brigade, deux fois encore, inscrivit sa silhouette d'ouragan.

Mais, à Ypres et à Saint-Georges, les

marins avaient derrière eux le gros des forces anglo-françaises ; à Dixmude, jusqu'au 4 novembre, ils opéraient en enfants perdus. Et c'était le sort des deux Flandres qu'ils tenaient dans leurs mains. Un des combattants de Dixmude, le lieutenant de vaisseau Georges Hébert, a pu dire que les fusiliers avaient gagné là « mieux qu'une bataille navale ». Je ne reproche à cette déclaration que sa modestie. Dixmude, ce sont nos Thermopyles du Nord, comme le Grand-Couronné de Nancy fut nos Thermopyles de l'Est ; les fusiliers ont été le premier et le plus solide élément de la longue défensive triomphante qui portera un jour le nom de victoire de l'Yser, — victoire plus disputée et, si l'on veut, moins rayonnante que la victoire de la Marne, mais qui n'aura pas développé des conséquences moins heureuses.

On prête au généralissime un mot que lui-même a peut-être été tout surpris d'avoir à prononcer :

— *Vous êtes, aurait-il dit aux fusiliers, mes meilleurs fantassins.*

Arrêtons-nous sur ce mot si simple, tout militaire et qui fait pâlir les plus belles harangues. La brigade en restera éternellement décorée.

DIXMUDE [1]

UN CHAPITRE DE L'HISTOIRE
DES FUSILIERS MARINS

I

VERS GAND

Le 8 octobre au matin, dans la grisaille du petit jour, deux trains régimentaires se croisaient en gare de Thourout. L'un de ces

(1) Les sources auxquelles nous avons recouru pour l'établissement de cette relation sont de diverses sortes : communiqués officiels, rapports français et étrangers, etc. Mais la majeure partie de nos renseignements nous viennent de correspondances privées, rassemblées par M. de Thézac, le modeste et zélé fondateur des *Abris du marin*, de carnets de route obli-

trains contenait des carabiniers belges ; son vis-à-vis, des fusiliers marins. D'une rame à l'autre on s'interpellait. Les carabiniers agitaient leur petit bonnet de police à liséré jaune et criaient : « Vive la France ! » Les marins ripostaient par des vivats en l'honneur de la Belgique.

— Où allez-vous ? demanda un officier belge.

— A Anvers. Et vous ?

— En France.

Il expliqua que les carabiniers étaient des recrues de la Campine qu'on dirigeait vers nos lignes, pour compléter leur instruction.

— Vous les formerez vite, hein ? dit un marin à l'officier.

geamment prêtés par leurs auteurs, d'enquêtes verbales près des survivants de Melle et de Dixmude. Le plus souvent que nous l'avons pu, nous avons cédé la parole à nos correspondants, avec le regret de ne pouvoir soulever l'anonymat que leur impose une consigne rigoureuse, mais, espérons-le, toute provisoire.

Et, montrant le poing à l'horizon :

— Et soyez tranquille, mon lieutenant.
On finira bien par les avoir, ces fumiers!...

L'officier belge qui rapporte la scène,
M. Édouard de Kayser (1), avait lui-même
quitté Anvers dans la nuit. Il ignorait que
la résistance était à bout de souffle, que
l'évacuation des troupes avait commencé.
Nos marins n'étaient pas mieux renseignés.
Le contre-amiral Ronarc'h, qui les commandait, croyait mener sa brigade à Dunkerque : on lui avait donné huit jours pour
la former et l'organiser sur le pied de deux
régiments (six bataillons et une compagnie
de mitrailleuses). Tout était à créer, les

(1) *Revue hebdomadaire* du 9 janvier 1915. Ce
sont ces mêmes recrues que les derniers trains de
fusiliers croisèrent en gare de Dunkerque. « 8 octobre,
16 heures. Arrivée à Dunkerque. Croisé la classe 1914
belge. Nombreux cris de : « Vive la France! » (Carnet
de route de l'enseigne Gautier. — V. encore p. 7,
note 1.)

cadres, les hommes, les services. Tâche ardue, compliquée par le défaut de cohésion des éléments de la brigade et les changements continuels de cantonnement (Creil, Stains, Pierrefitte, etc.). Mais l'idée n'était venue qu'assez tard de former des bataillons de marche avec nos marins. L'article 11 de la loi du 8 août 1913 permettait bien de « verser à l'armée de terre les inscrits maritimes en excédent aux besoins de l'armée de mer », mais les modes d'utilisation de ces contingents n'avaient pas été nettement définis : les affecterait-on aux formations existantes ou les constituerait-on en unités autonomes? Ce dernier parti, le plus raisonnable en l'espèce, qui ménageait la transition et, tout en rattachant l'inscrit maritime à l'armée de terre, lui conservait cet esprit de corps, un peu jaloux, mais dont le stimulant a tant de force sur les âmes, était loin de rencontrer un assentiment général. Le ministre passa outre et fit bien. 70, les glorieuses leçons du Bourget et du Mans, lui avaient appris ce qu'on peut attendre de la coopération des marins avec la troupe. Quelque préparation y était requise assurément. Par définition, une marine est faite pour naviguer, ce qui explique qu'on y néglige un peu l'école de bataillon : les hommes habillés de frais, « capelés », comme ils disent, à la nouvelle mode, bérets sans pompon (1), vareuses remontantes et sans col, il fallait encore en faire des soldats ; si débrouillards que soient les marins, une certaine roideur de mouvements, dans les premiers jours, trahissait l'inexpérience de ces oiseaux de mer auxquels on

(1) On rétablit par la suite les pompons, jugés d'abord trop voyants : des confusions regrettables s'étaient produites et les bérets de nos hommes ressemblaient trop, à distance, aux « calots » des troupes allemandes.

rognait les ailes et qu'on engonçait par sur-
croît dans de grosses capotes d'infanterie.
Presque aussitôt, d'ailleurs, la brigade ral-
liait le camp retranché de Paris (1) ; elle
venait à peine d'y prendre ses cantonnements que son chef recevait l'ordre de la
tenir prête à partir pour Dunkerque où se
formait une nouvelle armée. Dunkerque
n'était pas encore menacé : la brigade y
pourrait achever son organisation. L'ordre
portait la date du 4 octobre. Le 7 au matin,
la brigade embarquait à Saint-Denis et à
Villetaneuse avec ses convois.

« Nous sommes confortablement ins-

---

(1) Une partie des hommes s'y trouvaient déjà. « Durant des semaines nous avons mené la vie de bivouac
dans le camp retranché [de Paris]. Marches et contre-
marches pour habituer les hommes à la nouveauté du
sac. Les jours glorieux de la Marne, nous les avons
passés en réserve de deuxième ligne, sans rien voir. »
(Interview du lieutenant de vaisseau G. Hébert, par
R. KIMLEY. — *Opinion* du 19 décembre 1914.)

JSILIERS MARINS SORTANT DE LEUR DÉPOT DU GRAND-PÁLAIS

tallés dans des wagons à bestiaux, note sur son carnet le fusilier R... A Creil, nous voyons des maisons brûlées par les Allemands. La nuit arrive ; on cherche à dormir, mais on ne peut pas. Il fait froid. Nous grelottons dans les wagons. » Mais à la pointe des dunes, qu'on côtoie depuis Boulogne, voici un gros paquet de clarté violâtre, d'autres feux qui oscillent, verts et rouges, et la rude haleine du large : Dunkerque. Une surprise y attendait la brigade : les ordres sont changés ; on ne descend pas et les trains de transport vont continuer « vers la Belgique, vers l'ennemi », sur Anvers pour préciser.

Les hommes trépignent de joie. A la portière des fourgons, leurs grappes se pressent, acclament la terre belge dans une envolée de bérets (1). L'amiral est parti dans

(1) « Dans toutes les gares la population est massée sur les quais. Des vivats s'élèvent et nos comparti-

le premier train avec son état-major. En débarquant à Gand, dans l'après-midi du 8, il trouve sur le quai le général Pau qui arrive d'Anvers, où ce grand agent de liaison des armées alliées s'est rendu pour organiser la retraite de l'armée belge. Le général lui apprend que la voie est coupée au-dessus de la ville et que les six divisions qui défendaient Anvers ont commencé de se replier sur Bruges : deux divisions sont échelonnées à l'ouest du canal de Terneusen, trois à l'est. Une seule division reste encore à Anvers, avec les 10 000 hommes

ments sont littéralement remplis de fruits, sandwiches, cigares, cigarettes. La bière, le café, le thé coulent à flot. Inutile de vous dépeindre la joie de nos mathurins qui s'imaginent être en Terre promise. Dans la plupart des gares nous croisons des trains allant vers la France, transportant de jeunes recrues belges... La *Marseillaise* retentit de toutes parts dans les wagons belges : nos marins répondent par des vivats, ne pouvant entonner la *Brabançonne* qu'ils ne connaissent pas. » (Cahier du docteur L. F...)

des forces anglaises (1) ; la cavalerie belge couvre la retraite sur l'Escaut, au sud de Lokeren. Il n'est plus question d'entrer à Anvers, mais de coopérer à la manœuvre de repli avec les renforts anglais qui sont annoncés et les troupes de la garnison de Gand : l'ennemi, de toute évidence, va essayer de gagner dans l'ouest pour investir l'armée belge épuisée par deux mois de luttes incessantes et que talonnent le long de la frontière hollandaise d'autres forces venues d'Anvers. Mais, pour que cette manœuvre d'enveloppement réussisse, il faut d'abord qu'il prenne Gand et Bruges où il

(1) Une brigade de la marine royale et 6 000 volontaires de la réserve navale. Ces forces n'étaient à Anvers que depuis le 4 octobre où les avait précédées M. William Churchill : elles se battirent très bravement pendant les derniers jours du siège et furent un puissant élément de réconfort pour les troupes belges. Au cours de la retraite, qu'elles contribuèrent à assurer, une partie seulement d'entre elles furent rejetées en Hollande.

lui eût été si aisé de s'installer un mois plus
tôt et qu'il a volontairement dédaignés,
certain qu'il se croyait de les occuper à son
heure sans brûler une amorce.

Dès la fin d'août en effet, le corps
d'armée du général von Bœhn s'était
avancé jusqu'à Melle, à quelques kilomètres de Gand. Bien qu'il n'y eût trouvé
aucune résistance, Melle, disait-on, avait
été pillée et brûlée en partie; les Allemands n'y avaient respecté que la distillerie où logeaient leurs troupes et qui appartenait à un Bavarois naturalisé. Pour prévenir une occupation effective de la ville,
le bourgmestre de Gand, M. Braun, avait
dû s'engager près du général von Bœhn à
pourvoir au ravitaillement des troupes allemandes cantonnées à Beleghem. Contribu-
tion de guerre assez douce en somme. Mais
on était de revue : à la date du 25 août, au
lendemain de Charleroi, le kaiser eût cassé

aux gages, comme dûment convaincu d'imbécillité, un général qui se fût permis de penser qu'en octobre et à supposer qu'elle fût encore vivante, la France, dans les soubresauts de son agonie, aurait encore la force de distraire des unités pour les envoyer au secours de la Belgique. Il est certain, quoi qu'il en soit, que c'est à cette erreur de calcul ou à cette folle présomption que l'armée belge a dû son salut.

L'effort qu'il avait dédaigné de faire en août sur Gand et la Flandre occidentale, l'ennemi allait le tenter en octobre, après la chute d'Anvers. Les conditions ne semblaient pas avoir beaucoup changé. Gand, ville ouverte, largement étalée dans une plaine d'alluvions, au confluent de l'Escaut et de la Lys, qui s'y désarticulent en une infinité de canaux, est de tous côtés à la merci d'un coup de main. Pas de forts, pas de remparts : pour arrêter l'ennemi, nous ne devons compter que sur les défenses improvisées. Les troupes de la garnison, sous les ordres du général Clothen, se réduisent à huit escadrons de cavalerie, une brigade mixte, une brigade de volontaires et deux régiments de ligne, et leurs effectifs sont bien amaigris. C'est assez cependant, avec nos 6 000 fusils, pour leur permettre de se déployer dans la boucle de l'Escaut et entre ce fleuve et la Lys, sur le front sud de la ville, qui semble particulièrement menacé ; si elle débarque à temps, demain, la 7e division anglaise renforcera le front, qu'il est inutile d'étendre davantage pour une défense toute provisoire, puisqu'on nous demande seulement de faire gagner une journée ou deux à l'armée d'Anvers. L'action sera chaude vraisemblablement : ni le général Pau, qui en a établi le dispositif, ni l'amiral Ronarc'h, qui doit

en supporter le principal effort, ne se font
d'illusions à cet égard.

— Saluez ces messieurs, aurait dit à son
état-major le général en montrant les officiers de marine : vous ne les reverrez
plus (1)...

Le reste de la brigade a suivi de près
l'amiral. Les derniers trains (2) arrivent à

(1) Cf. Jean CLAUDIUS, *la Brigade navale*. (*Petite
Gironde* du 1er février 1915.)

(2) Ils étaient au nombre de sept. Le septième
et dernier ne partit qu'à cinq heures du soir de Saint-
Denis. Il emportait les deux grandes ambulances de
la marine attachées à la brigade, les deux sections de
mitrailleuses des régiments, formant corps avec ces
régiments, et la compagnie autonome de mitrailleuses
du lieutenant de vaisseau de Maynard (quatre sections
de quatre pièces chacune ayant pour capitaines les lieutenants de vaisseau de Maynard, des Pallières, de
Roucy et Cayrol) : au total trente-deux pièces four-
nies par la Guerre et montées sur de petits chariots de
débarquement de la Marine. Ce train n'arriva à Gand
qu'à onze heures du soir le lendemain et le débarquement de son matériel fut assez long. « Il est près de
deux heures du matin lorsque la compagnie traverse

Gand dans la nuit. Toute la population est sur pied, acclamant les marins qui traversent la ville pour gagner leurs casernes respectives (1). Le lendemain, branle-bas à quatre heures et demie. On boit le «jus», et en route pour Melle où les Belges nous ont préparé des tranchées.

la ville silencieuse. Cependant le bruit des petits chariots sautillant sur les pavés réveille plus d'un Gantois, car aux fenêtres on aperçoit des visages à demi endormis qui scrutent les rues. » (Cahier du docteur L. F...)

(1) La caserne Léopold, le Cirque et le Théâtre-Flamand. Les officiers furent logés, avec l'amiral, à l'Hôtel des Postes. « Je suis le compagnon de chambrée du lieutenant de vaisseau Martin des Pallières et, avant de nous coucher, nous nous défatiguons par une toilette générale, — notre dernière ablution pendant tout notre séjour en Belgique et assurément la dernière de mon pauvre camarade, tué à Dixmude. » (Cahier du docteur L. F...)

II

LA BATAILLE DE MELLE

Elle n'a pas autant souffert que nous le craignions, la petite ville dentellière, sœur cadette de Malines et de Bruges : les seuils n'y bruissent plus du froissement des fuseaux ; quelques maisons portent dans leurs orbites creuses, sur leurs façades noircies, les stigmates d'un commencement de martyre. Mais son pouls continue de battre et, autour d'elle, dans cette grande serre à ciel ouvert qu'est la banlieue gantoise, l'automne a rassemblé toutes ses magnificences florales : « Nous traversons des champs de bégonias superbes dans lesquels nous allons peut-être mourir », écrit le fusilier R... Mourir dans les fleurs, comme des jeunes

filles, l'étrange aventure pour des marins
tels qu'on se les représente d'ordinaire, —
en bourlingueurs d'océans aux faces cuites
par l'embrun ! Mais la plupart des recrues
que voici ressemblent si peu à ce cliché !
Elles ont des yeux clairs dans des visages à
peine hâlés ; les Marie-Louise n'étaient pas
d'un âge plus tendre. Et comme, avec leur
dandinement léger, ce je ne sais quoi de
féminin et de coquet dans le précoce épa-
nouissement de la vigueur musculaire, on
s'explique le surnom que leur décernera la
lourdeur teutonne, troublée comme à l'ap-
parition de Walkyries adolescentes : *les
demoiselles au pompon rouge* (1) !... L'amiral,

(1) « Ah ! les bandits ! Nous leur inspirons une terreur sans pareille. Aussi nous ont-ils surnommés « les
oiseaux noirs », « les tirailleurs bleus » et puis « les
demoiselles au pompon rouge ». Va pour les demoiselles au pompon rouge ! En tout cas ils ont senti nos
coups de crosse. » (Lettre du fusilier A. C..., du Palais.)

qui vient d'inspecter le terrain (1), confère sur place avec ses lieutenants : une fraction du 2ᵉ régiment (commandant Varney) ira se poster entre Gontrode et Quadrecht et laissera un bataillon en réserve au nord de Melle ; une fraction du 1ᵉʳ régiment (commandant Delage) se portera entre Heusden et Goudenhaut et laissera un bataillon en réserve à Destelbergen. Lui-même garde sous la main, en réserve générale, au carrefour de Schelde, où il installe son poste de commandement, le reste de la brigade, soit deux bataillons et la compagnie de mitrailleuses. Les convois, sauf les ambulances sous la direction du médecin en chef Seguin, demeureront à l'arrière, aux portes de Gand. Précaution indispensable pour un repli rapide, mais que l'amiral entend bien n'exécuter qu'après avoir

(1) « De neuf à onze heures, reconnaissances. » (Carnet de route de l'enseigne Gautier.)

suffisamment étalé le choc de l'ennemi.

Grâce à nos renforts, les troupes belges ont pu donner toute l'extension désirable à leur front en occupant Lemberge et Schelderode. L'artillerie de la 4ᵉ brigade mixte, en batterie vers Lendenhock, tient sous son feu les débouchés de la plaine. Aucune troupe ennemie n'est en vue. Mais on sait, par les rapports des cyclistes belges, que les avant-gardes allemandes ont dépassé la Dender. Nous n'avons que le temps d'occuper nos tranchées ; en dernier ressort, s'il faut nous rabattre sur Melle, nous trouverons un épaulement tout organisé dans le talus de la voie ferrée, près du pont de la gare.

Anvers brûle et les heures qu'il lui reste à vivre sont comptées : les forces anglaises et la dernière division belge ont heureusement pu quitter la ville dans la nuit ; elles ont fait sauter les ponts derrière elles et, à marche forcée, se sont portées vers Saint-Nicolas qu'elles ont atteint au petit jour. Elles espèrent gagner Eeclo à la brune. Mais déjà l'ennemi les relance : un parti de cavalerie allemande est signalé à Zele et près de Wetteren où il a traversé l'Escaut sur un pont de péniches; au hameau de Bastelœre, il s'est heurté aux avant-postes belges, dont l'artillerie l'a provisoirement arrêté ; d'autres forces, plus au nord, poussent dans le pays de Waës jusqu'à Loochristi, à 10 kilomètres de Gand. Une partie de ces forces viennent d'Alost; les autres d'Anvers même; le gros de l'armée allemande demeure cependant à Anvers : nous ne pouvons qu'en marquer notre satisfaction.

Il est certain qu'un ennemi moins présomptueux ou moins amoureux de l'effet théâtral se fût jeté avec toutes ses disponibilités sur les derrières de la retraite :

celui-ci préféra faire une entrée tapageuse dans les rues d'Anvers, à midi, fifres sonnants, enseignes déployées (1). A la même heure, les troupes qu'il avait détachées d'Alost prenaient leur premier contact avec le deuxième régiment de la brigade (2). On les attendait et quelques salves bien dirigées suffirent à briser leur élan. Suivant l'expression d'un des fusiliers, les Allemands « tombaient comme des quilles » à chaque décharge. « Ça sifflait aussi autour de nos têtes », écrit un autre des combattants, qui exprime le regret de n'avoir pu « graisser »

(1) En fait cette entrée triomphale, suivie d'une revue à grand orchestre de l'armée d'investissement, n'eut lieu que dans l'après-midi du dimanche suivant. Mais l'observation subsiste : une partie seulement des forces allemandes se jetèrent, après avoir rétabli le pont sur l'Escaut, aux trousses de l'armée belge ; 60 000 hommes restèrent à Anvers.

(2) « Onze heures, placé mitrailleuses. Douze heures, reçu coups longs, balles, artillerie. » (Carnet de route de l'enseigne Gautier.)

à ce moment sa baïonnette « dans le ventre
des Boches ». Ce devait être pour plus tard.
L'ennemi revenait en force et le commandant Varney crut bon d'appeler sa réserve,
remplacée aussitôt à Melle par un bataillon
de la réserve générale. « Il y eut là, dit le
docteur Caradec, un certain canon qui fut
mis en batterie par les Boches à 800 mètres
des tranchées : il n'avait pas tiré son quatrième coup qu'on lui démolissait attelage et
servants. La pièce ne put être enlevée qu'à
la nuit. » En général, du reste, le tir
ennemi, sensiblement trop long, nous fit peu
de mal au cours de cette bataille : la ville
elle-même souffrit peu et trois obus seulement frappèrent l'église. Vers six heures,
l'attaque s'arrêta. La nuit tombait; une
brume légère trainait sur les champs et
l'ennemi en profitait pour organiser la position ; tout en faisant mine de se replier, il
demeurait à proximité, occupant les bois, les

maisons, les haies, les « paillers », tous les obstacles du sol. Signes non équivoques d'une prochaine reprise d'offensive. Le commandant Varney, dont les contingents ont supporté le principal effort de la journée, ne s'y trompe pas et se tient sur ses gardes. Défense aux hommes de bouger : on mangera plus tard. D'ailleurs, on n'a rien à se mettre sous la dent. « Vers minuit seulement, dit le fusilier R..., je peux me procurer un peu de pain; j'en offre à mon commandant qui accepte avec plaisir. » La brume s'est dissipée, mais on n'y voit pas plus clair (1). Nuit noire partout, sauf sur Quadrecht, là-bas, où deux torches s'allument, des fermes qui brûlent. L'oreille tendue, on écoute. C'est un quart comme un autre qu'on fait sur terre au lieu de le faire en mer. Mais rien ne remue jusqu'à neuf heures. Brusque-

____

(1) « Le temps est froid, humide. » (Cahier du docteur L. F...)

ment, l'ombre se déchire : des obus à fusées lumineuses éclatent à quelques mètres des tranchées ; l'ennemi a reçu des renforts d'artillerie ; notre position va devenir promptement intenable. « Nous voyons les Boches, à la lueur des obus, qui se faufilent de tous côtés le long des haies et des maisons comme des rats. On tire dans le tas : on en abat à foison. Ils avancent toujours. Le commandant ne veut pas qu'on s'expose davantage : il donne l'ordre de lâcher Gontrode et de se replier un peu plus loin, sur Melle, derrière le talus du chemin de fer (1). » Dans le repli, nous perdons

(1) Fusilier Y. M. J., *Corresp.* Voir aussi la lettre du marin P. L. G..., d'Audierne : « ... Alors là, voyant qu'ils venaient sur nous en nombre (ils étaient un régiment contre nous une compagnie), nous avons été forcés de nous replier 400 mètres en arrière, car nous ne pouvions plus les tenir. J'ai vu le capitaine d'armes tomber mortellement blessé et quatre hommes blessés quand nous revenions sur la voie du chemin de fer. Là, nous sommes restés pendant le jour et la nuit pour leur

quelques hommes. Mais la position est excellente. A 60 mètres des tranchées, nos mitrailleuses ouvrent « un feu d'enfer » sur l'ennemi qu'on a laissé approcher. Une magnifique charge des fusiliers achève sa déroute. Il est quatre heures du matin. A sept heures, nos patrouilles signalent que Gontrode et Quadrecht sont évacués : les Allemands n'ont même pas pris le temps de ramasser leurs blessés.

C'est un soin dont se chargent pour eux les fusiliers, en allant réoccuper Gontrode et non sans profiter de l'occasion pour faire une rafle de casques boches (1). La bri-

tenir tête, faisant des coups de salve quand on les voyait s'approcher de nous, chargeant à la baïon-nette. C'était beau de les voir tomber sur la plaine à chaque salve. Le feu cessa le 10, vers quatre heures du matin. »

(1) « Ce matin nous avons ramassé une belle collec-tion de tués allemands, de 50 à 100 mètres de nos lignes. Nous avons quelques prisonniers ; mes hommes

gade, entre temps, est passée sous les ordres du général Cappers, commandant la 7e division anglaise qui vient de débarquer à Gand où elle a été l'objet des mêmes ovations que nos marins. Les hommes, bien vêtus, solidement charpentés, défilaient dans leurs uniformes couleur de terre, le fusil sous le bras ou tenu par le canon sur l'épaule à la manière d'une raquette, en sifflant l'air de la ballade fameuse :

> *It's a long way to Tipperary,*
> *It's a long way to go...*

« Il y a loin pour aller à Tipperary, il y a loin... » On y arrive sans doute en passant par Gand, car les *Tommies* n'avaient jamais été plus gais. Ces belles troupes, qui marchaient au feu comme elles se fussent ren-

ont très bien fait leur devoir. Une de mes mitrailleuses a été avariée par une balle qui a un peu écorché Primat, mon ordonnance, et c'est tout. » (Lettre de l'enseigne Gautier.)

dues à une partie de football ou de golf, ne faisaient pas seulement l'admiration des Gantois : nos marins eux-mêmes se sentaient pour elles une tendresse inattendue ; l'ennemi héréditaire n'était-il pas devenu le plus solide de nos alliés ? « Ce sont pour nous de véritables frères », écrira le lendemain à sa famille un marin du Passage-Lanriec.

Renforcés par deux de leurs bataillons et les troupes belges du secteur, nous avions ordre de tenir sur nos positions précédentes dans la boucle de l'Escaut. Mais vers midi, après la visite d'un taube, l'ennemi prononçait une si vive attaque sur Gontrode et Quadrecht qu'à la fin de la journée il fallait recommencer la manœuvre de la veille et se replier derrière le talus du chemin de fer. Du moins son offensive venait-elle une fois de plus se briser sur le glacis de cette redoute naturelle, défendue avec un remarquable acharnement par les trois bataillons du commandant Varney. Le reste de la nuit ne fut pas troublé ; la relève des tranchées se fit normalement au petit jour, et les hommes qui le désiraient purent assister à l'office. C'était un dimanche. « J'ai été à la messe dans une petite église très jolie, écrit le marin F..., de l'île de Sein. La journée a passé très bien. Le soir, après souper, on se couchait. A peine dans la paille : « Debout, tout le monde ! »

Nous battions en retraite, et il était temps. L'inaction apparente de l'ennemi pendant cette journée du 11 s'expliquait par son désir de tourner la position et de nous cerner avec toutes ses forces dans la boucle de l'Escaut (1). Sur les deux rives

______

(1) « Les Allemands arrivaient à quatre régiments. Nous étions obligés de battre en retraite, car nous étions en ce moment 6 000 contre 45 000 Allemands. » (Lettre du fusilier P. L. G..., d'Audierne.)

du fleuve, en aval et au sud, serpentaient de longues files grisâtres. Devait-on s'exposer davantage? Convenait-il de fournir à l'ennemi un prétexte pour bombarder Gand, ville ouverte, qu'il n'entrait pas dans nos intentions de défendre? Et l'objectif principal n'était-il pas atteint, puisque notre résistance des jours précédents avait donné plus de quarante-huit heures d'avance à l'armée belge? Le quartier général reconnaissait que nous avions rempli « sans défaillance » le mandat qu'il nous avait confié. Dès leur premier contact avec l'ennemi, les fusiliers marins s'étaient comportés avec la solidité, l'endurance de troupes éprouvées, en « vieux grognards », comme disait le fusilier R... A deux reprises, sous leur charge irrésistible, l'infanterie allemande avait plié (1). Ça promettait pour l'avenir.

(1) « Les Allemands étaient si près de nos tranchées, nous disait l'enseigne de Blois, que le commandant

Nos pertes étaient assez faibles cependant : une douzaine de tués, dont le lieutenant de vaisseau Le Douget, qui faisait le coup de feu dans la tranchée avec sa compagnie et qu'une balle avait frappé comme il se repliait vers le talus du chemin de fer, trente-neuf blessés et un disparu, tandis que l'ennemi n'en avait pas été quitte à moins de 7 ou 800 hommes et de 500 blessés ou prisonniers (1). Melle ne fut pas une

Mauros engageait avec eux un dialogue à la façon des héros d'Homère. Brusquement nous entendons une grande clameur : « Tiens! disons-nous. Ils chargent. » C'était en effet nos marins qui, pour en finir plus vite, tombaient à la baïonnette sur les premiers rangs ennemis. »

(1) « A la bataille précédente, ils avaient 800 morts et 700 blessés ou prisonniers; c'était beau pour le premier combat des marins. » (Lettre du fusilier P. L. G..., d'Audierne.) Les évaluations officielles sont un peu différentes pour le chiffre des prisonniers, mais beaucoup trop faibles pour celui des morts et des blessés (200 à 300). — On s'étonnera, par ailleurs, des hésitations et du manque d'insistance de l'attaque alle-

grande bataille, mais c'était une victoire,
« notre première victoire », disaient or-
gueilleusement les hommes, — le premier

mande. La raison nous en a peut-être été donnée par
l'enseigne de Blois. « Les Allemands ne s'attendaient
pas à une telle résistance, nous dit-il, et encore moins
à nous trouver devant eux. Ils crurent à un *piège*.
C'est ce qui paralysa leur offensive. Et cependant,
étant donné la minceur de notre rideau, une attaque
énergique eût tout emporté. Ils n'osèrent pas ; ils s'avan-
cèrent à plusieurs reprises jusqu'à quelques mètres de
nos tranchées, et toujours ils s'arrêtèrent. Nous les
mitraillâmes à notre aise. Nos positions étaient loin
d'être solides pourtant : sur le talus du chemin de fer,
les tranchées consistaient en quelques trous creusés
entre les rails ; le pont n'avait même pas été barricadé
par le génie belge et rien n'eût été plus simple que de
passer dessous. A la nuit, le commandant Conti m'or-
donna de l'organiser. J'allumai une petite lanterne
électrique de poche ; immédiatement des balles sifflè-
rent à mes oreilles : les Allemands étaient à vingt
mètres du pont... et ils n'essayaient pas de passer ! »
Cette opinion, du reste, n'est pas particulière à notre
interlocuteur. Dans le carnet d'un autre officier,
l'enseigne X..., je lis : « On avait ordre de tenir deux
jours, on en avait tenu trois : soixante-douze heures.
Les marins occupaient un front très considérable par

chant de leur Iliade. Et les troupes qui avaient remporté cette victoire voyaient pour la première fois le feu (1). Elles venaient.

rapport à leur nombre. Si bien que les Allemands ont encore été *bluffés*, comme pour l'histoire du train blindé. » (V. la note suivante.)

(1) Cependant la 6ᵉ compagnie du 1ᵉʳ régiment avait déjà pris contact avec l'ennemi et inscrit un petit succès à son actif. C'était avant que la brigade eût été concentrée dans le camp retranché de Paris. Ses éléments étaient dispersés un peu partout, à Saint-Denis, Bonneuil, Pierrefitte, Luzarches, Chantilly, Creil, Stains, où ils doublaient et quelquefois remplaçaient le génie dans la construction de ponts sur bateaux et palis. Il arriva ainsi que la 6ᵉ compagnie du 1ᵉʳ régiment, commandée par le lieutenant de vaisseau Pringuet, fut envoyée dans la direction de Montdidier pour vérifier l'état de la voie et réparer un pont. « Tandis que le train est arrêté près du pont, dit l'enseigne X..., on aperçoit une forte colonne de cavalerie allemande (dragons). Du train blindé on ouvre le feu. Hommes et chevaux dégringolent. Mais les dragons étaient appuyés par deux batteries d'artillerie qui se mettent en position. Heureusement, elles sont repérées à temps par un officier des équipages, Bonomet, le seul qui eût des jumelles. Immédiatement et à la stupéfaction des ingénieurs qui n'y com-

des cinq ports, principalement de la Bretagne, qui fournit à la marine de guerre les
quatre cinquièmes de ses effectifs. Et la
majorité de leurs éléments, à l'exception
de quelques brevetés fusiliers, étaient des
jeunes hommes, des apprentis fusiliers de
dix-huit à vingt ans (1), prélevés dans les
dépôts avant l'achèvement de leur instruction, mais solidement encadrés par des
gradés de la réserve et de l'active. Les officiers eux-mêmes, sauf les commandants

prennent rien, le train repart à toute vitesse. Quelques
obus, dont un tomba sur la machine, nous tuèrent en
route six ou sept hommes et en blessèrent quinze.
Mais les Allemands évacuèrent quelques jours après
trois pleins wagons de morts et de blessés. En outre
ces dragons, qui venaient de Lorraine et avaient
perdu tout contact avec leur armée, ne croyant pas
possible qu'un train blindé fût lancé seul, sans soutien,
arrêtèrent leur offensive et firent demi-tour. »

(1) Même de seize, comme ce jeune Yves Lebouc,
de l'École des mousses, parti au front sur sa demande
et blessé en relevant son capitaine.

des deux régiments (capitaines de vaisseau
Delage et Varney), qui avaient rang de colo-
nels, et les commandants des bataillons
(capitaines de frégate Rabot, Marcotte de
Sainte-Marie et de Kerros — 1er régiment;
Jeanniot, Pugliesi-Conti et Mauros — 2e),
appartenaient pour une bonne part à la
réserve de la flotte. Singulière armée au
demeurant, composée presque tout entière
de recrues et de brisquards, poils follets et
barbes grises. Il s'y voyait jusqu'à des
novices de la Compagnie de Jésus, le P. de
Blic (1) et le P. Poisson (2), qui servaient
comme enseignes, et un ancien député
radical, le Dr Plouzané (3), qui servait
comme médecin. Les barbes grises ne furent
pas les moins éprouvées au début de la
campagne. On leur en a fait un reproche.

(1) Tué à Dixmude. Décoré de la Légion d'honneur.
(2) Blessé à Dixmude. Décoré de la Légion d'honneur.
(3) Décoré de la Légion d'honneur.

Si tant d'officiers sont tombés, ce n'est point par vaine gloriole, encore moins, comme on l'a laissé entendre, par ignorance du métier militaire (1), mais parce que les chefs doivent prêcher d'exemple et qu'il n'y a pas deux manières d'apprendre aux autres à bien mourir. N'oublions pas qu'ils commandaient à des recrues, sans homogénéité, sans expérience, presque sans instruction. Le moral d'une troupe dépend de celui de ses chefs. « Si vous allez ne parlant à personne, triste et pensif, dit Montluc, quand tous vos hommes auraient cœur de lion, vous le leur ferez venir de mouton. » C'était bien l'avis des officiers de la brigade et de celui-là même qui commandait le 2ᵉ régiment, le capitaine de vaisseau Varney, « toujours sur la brèche,

(1) Cf. Docteur CARADEC, *la Brigade des fusiliers marins de l'Yser.* (*Dépêche de Brest* du 19 janvier 1915.)

u rapport d'un témoin, poussant à pied
usqu'aux premières lignes et aux postes
avancés, les dépassant même, comme à
Melle... Et il est vrai, ajoute ce témoin,
qu'il était alors en auto-mitrailleuse,
mais... sur le marchepied, complètement
découvert, pour donner confiance à ses
hommes (1). » Un des officiers de son régiment, le lieutenant de vaisseau Gouin (2),
blessé au pied dans la même rencontre,
refusait de se rendre à l'ambulance, tant
que l'ennemi n'avait pas battu en retraite ;
l'enseigne de 1re classe Gautier (3), commandant un groupe de mitrailleuses, laissait
arriver à 60 mètres une attaque allemande,
« pour apprendre aux servants à ne pas gas-

----

(1) L'abbé Le H..., *Corresp. part.* Le 2e régiment
fut seul engagé pendant les journées des 9 et 10 octobre.

(2) Tué à Dixmude.

(3) Tué à Dixmude.

piller leurs munitions », et, blessé à la tête, disait : « L'essentiel, c'est que mes 502 balles aient toutes porté. »

Aussi bien le chef de ces braves, le contre-amiral Ronarc'h, avait-il fait, sur d'autres champs de bataille, ses preuves de manœuvrier : le hasard ni la complaisance n'avaient dicté le choix du ministre.

L'amiral Ronarc'h est Breton (1) : son nom

(1) « Pierre Ronarc'h, né à Quimper en 1865, entré à l'École navale en 1880 (à quinze ans et demi); prend part comme enseigne à l'affaire des Grandes-Comores, où il est blessé ; lieutenant de vaisseau à vingt-quatre ans, décoré à vingt-cinq. Aide de camp de l'amiral Courrejolles pendant la guerre de Chine (1900-1901), commandant le détachement français de la colonne Seymour, est le seul à ramener son détachement. Nommé capitaine de frégate, commande en second le *Duguay-Trouin*, vaisseau des aspirants. Capitaine de vaisseau à quarante-deux ans, reçoit le commandement supérieur des flottilles de contre-torpilleurs, torpilleurs et sous-marins de la 1re armée navale, poste créé à ce moment, très lourd, à tel point qu'à son départ le commandement fut partagé entre deux capitaines de

guttural et puissant équivaut à un certificat
d'origine. Et l'homme se révèle exactement
tel qu'on l'imagine d'après son nom et ce
qu'on sait de sa race : physiquement, sur
un corps ramassé, trapu, large d'épaules,
une tête rude, volontaire, aux plans accu-
sés, très fine cependant, même impercepti-
blement ironique, avec ces yeux des Celtes,
un peu voilés, qui semblent toujours regarder très loin ou en dedans ; au moral, et suivant l'expression d'un de ses officiers, « un
ajonc de falaise, une de ces plantes de grand
vent et de terre pauvre qui s'incrustent aux
fissures du granit et qu'on n'en arrache
plus, l'opiniâtreté bretonne dans toute sa
force, mais une opiniâtreté calme, réfléchie,
extrêmement sobre de manifestations extérieures et qui concentre sur son objectif

vaisseau. Promu amiral en juin 1914 et, presque aussitôt, appelé à former la brigade des fusiliers marins. »
(*Corresp. part.*).

toutes les ressources d'un esprit merveilleusement apte à tirer parti des éléments
les plus ingrats (1) ». Il est assez remarquable que tous les grands chefs de cette
guerre soient des méditatifs, des taciturnes :
l'opposition ne s'est jamais tant accusée
entre l'action et la parole. Par ailleurs on a
fait observer qu'il était peut-être dans la
destinée de l'amiral Ronarc'h, — marin
« très distingué » pourtant, puisque c'est
son commandement des flottilles de la Mé-
diterranée qui lui a valu ses étoiles et qu'il
est l'inventeur d'un drague-mines adopté
par la marine anglaise, — de combattre
surtout « comme un soldat de la guerre » :
lieutenant de vaisseau et adjudant-major
du commandant de Marolles, il fait partie
de la colonne Seymour envoyée au secours
des légations européennes que les Boxers

(1) Docteur L. G..., *Corresp. part.*

assiègent dans Pékin. La colonne, trop faible, bien que composée de marins des quatre divisions navales européennes stationnées dans les eaux chinoises, est obligée de se replier en toute hâte vers la côte. C'est presque une déroute, au cours de laquelle les détachements des divisions alliées perdent un grand nombre d'hommes et toute leur artillerie de débarquement. Seul de la colonne, le détachement français ramena la sienne. Les galons de capitaine de frégate récompensèrent l'auteur de cette belle manœuvre stratégique : il avait trente-sept ans; promu le 23 mars 1902, il était l'officier le plus jeune de son grade. A quarante-neuf ans, avec sa moustache grisonnante et son « bouc à l'américaine », c'est aujourd'hui encore le cadet de nos amiraux.

III

EN RETRAITE

Comment allait se faire le « décrochage » ?

L'opération semblait assez délicate. On se sentait épié de tous côtés par l'ennemi. L'ordre du général Cappers portait de se dégager par une marche de nuit et de gagner Aeltre, au croisement des routes de Bruges et de Thielt. Très méthodique, très précis, favorisé par les dispositions que l'amiral avait prises en vue de son exécution, le repli commença : nos convois d'abord ; puis, une demi-heure après, nos troupes, que les unités anglaises remplacèrent momentanément sur leurs positions. En traversant Gand, note le fusilier R...,

« nous sommes acclamés de nouveau, d'autant que quelques-uns ont pris des casques prussiens et les montrent. L'enthousiasme est indescriptible ; les dames surtout nous font fête. » La douce Belgique nous avait gagé son cœur : elle ne nous le retire pas, même quand nous semblons l'abandonner. Couverts par la division anglaise, qui nous suit à deux heures de distance, nous franchissons Tronchiennes, Luchten, Méerande, Hansbeke, Bellem : une rude traite de 40 kilomètres, par un clair de lune glacé, avec des haltes de dix minutes à chaque étape (1). Les autos de la brigade roulaient à vide, tous les officiers, jusqu'aux plus vieux, s'étant imposé de marcher au pas de leurs hommes. Ce ne fut qu'au petit jour levé qu'on parvint à Aeltre. La brigade

(1) « Deux nuits et un jour de marche avec des haltes de dix à quinze minutes ». (Lettre du fusilier Y. G..., du Guilvinec.)

n'avait pas été inquiétée dans sa retraite :
nous n'abandonnions rien, pas un traînard,
pas une cartouche. Et tous nos morts,
pieusement ensevelis par l'aumônier du
2ᵉ régiment de la brigade, M. l'abbé Le
Helloco, avec l'aide du curé et du bourgmestre, dormaient depuis la veille dans le
petit cimetière de Melle.

Le temps d' « avaler un morceau » et de
se déraidir les jambes, on repartait dans la
direction de Thielt. «Vingt-cinq kilomètres
à s'appuyer après les 40 de la nuit, re-
marque dans une de ses lettres un fusilier.
Et l'on dit que les marins ne sont pas de
bons marcheurs! (1) » Pour s'épargner les

(1) Ç'avait été une des premières questions du général
Pau à l'amiral : « Vos hommes sont-ils bons marcheurs? » Il prévoyait qu'un repli extrêmement rapide
leur serait imposé. Nos officiers cependant n'étaient
pas sans quelque appréhension. « Loin du danger,
lisons-nous dans le cahier du docteur L. F..., le matelot, suivant l'expression, « rouspète » ... Au début

durillons, ils marchaient pieds nus, leurs souliers en bandoulière. Et il fallait encore traîner les mitrailleuses, qui n'avaient pas d'attelage. Mais Aeltre, les gâteries des habitants (1), le bon «jus» de l'étape, «corsé»

d'octobre, nous avions touché, officiers et marins, la capote bleue d'infanterie, devenue réglementaire. Les hommes endossent le havresac (non sans maugréer) et nous voilà transformés en troupiers n'ayant plus de marins que le béret et la casquette... Ce rôle de fantassins qu'on leur impose leur semble inférieur et la bonne volonté fait défaut, surtout pour les marches militaires avec capote et sac au dos. Que d'éclopés, de traînards, lors de nos promenades aux environs de Paris! Et quel contraste pour ceux qui les ont vus ensuite à l'œuvre en Belgique! Preuve du ressort merveilleux de notre race, en particulier de nos Bretons, toujours en majorité dans la brigade. »

(1) « Arrivée à Aeltre cinq heures matin. Cantonnés dans une salle de chant où donnaient les chambres des habitantes. Pleurs, puis amabilités. Départ à midi. » (Carnet de route de l'enseigne Gautier.) — « Venons de faire une marche de nuit, de six heures du soir à cinq heures du matin sans arrêt. Quarante kilomètres. Vannés, mais bien portants. » (Lettre du même.)

d'un généreux « tafia » municipal, les avaient ragaillardis. « Quel bon peuple ! dit un autre fusilier. Partout il nous accueille comme ses enfants ! »

La brigade touchait Thielt entre quatre et cinq heures de l'après-midi ; la division anglaise y arrivait à six, et l'on prenait aussitôt ses cantonnements d'alerte : routes barrées, grand'gardes à toutes les issues. Cinquante mille Allemands galopaient à nos trousses : s'ils ne nous rattrapèrent point à Thielt, on le dut peut-être au bourgmestre d'une des localités que nous avions traversées qui les lança sur une fausse piste. Cet héroïque mensonge lui coûta la vie et valut à nos hommes une nuit franche de repos (1). Pour la première fois, depuis trois jours, sur la paille des hospitalières fermes belges, ils purent dormir tout leur saoul, « pioncer

____

(1) Docteur Caradec, *op. cit.* On aimerait à connaître le nom de ce magistrat patriote.

en double, » comme ils disaient, afin de
réparer les fatigues des nuitées précédentes.
Un taube, au matin, troubla la fête ; mais,
accueilli par une vigoureuse fusillade, le
« sale oiseau » presque tout de suite « donnait de la bande » et allait s'abattre dans
les lignes anglaises, à la grande joie de nos
hommes. Peu après nous levions le camp
dans la direction de Thourout, que nous at-
teignions à trois heures de l'après-midi (1).

(1) « Arrivée à Thielt cinq heures soir. Cantonnés
dans une caserne en construction. Encombrement. Départ de Thielt sept heures. Descendu un taube.
Arrivée à Thourout à trois heures. Cantonnés école
communale. Instituteur flamand, six enfants, très
aimable. Départ de Thourout à sept heures qua-
rante-cinq. » (Carnet de l'enseigne Gautier.) —
« Mardi 13 octobre. A sept heures du matin on dé-
molit un taube à coups de feu. A huit heures, départ
vers Thourout. Nous sommes suivis de près par une
patrouille de uhlans. Pendant ce temps la division
anglaise bat en retraite sur une route parallèle vers
Roulers, dans la division d'Ypres, où une bataille
était engagée. La cavalerie anglaise fait prisonnière la

La division anglaise devait nous quitter là pour marcher sur Roulers et, du même coup, la brigade passait sous les ordres du roi Albert, dont nous avions rejoint les avant-gardes.

L'armée belge, après son admirable retraite d'Anvers, n'avait fait que toucher Bruges et, renonçant à défendre Ostende, elle se repliait à petites marches vers l'Yser. Tous ses convois n'étaient pas encore arrivés. Pour assurer leur transport, elle avait décidé de faire front, malgré son état d'épuisement, sur une ligne ondulée s'étendant de Menin aux marais de Ghistelles; la part des fusiliers sur ce front devait aller du bois de Vijnendaule à la gare de Cortemark. Le 14, par une pluie battante, la brigade se portait à l'ouest de Pereboom et prenait formation de rassemblement arti-

patrouille. Arrivée à Thourout sous la pluie battante vers cinq heures du soir. » (Carnet de l'enseigne X...)

culé, face à l'est (1). C'était la meilleure position, et elle ne valait pas grand'chose, en raison de son excentricité. L'ennemi, qui avait fini par nous dépister, était signalé se dirigeant en masses profondes sur Cortemarck : les 6 000 hommes de la brigade, quelque héroïsme qu'ils déployassent, ne pouvaient espérer résister longtemps à des forces si disproportionnées et sur un terrain aussi difficile à « organiser », sans défenses naturelles, sans couverture d'aucun côté, même vers l'ouest, où le mouvement d'extension des troupes françaises n'était pas encore terminé. Il était du devoir de l'amiral d'appeler sur ces défectuosités tac-

(1) « Mercredi 14 octobre. Étape très courte jusqu'à Pereboom. Le reste de la brigade à Cortemarck et à Handzaeme. Ordre de se préparer à l'attaque. Tranchées pour couvrir Cortemarck. Au nord nous sommes en liaison avec l'armée belge ; au sud nous avons perdu tout contact avec la division anglaise qui n'est pas loin d'Ypres. » (Carnet de l'enseigne X...)

tiques l'attention du quartier général belge,
qui, après avoir répondu par l'ordre de
tenir « coûte que coûte », trop justifié en
la circonstance, revint sur ses instructions
et, à minuit, le 15 octobre, fit reprendre la
retraite (1).

Elle ne devait plus s'arrêter qu'à l'Yser.

(1) « Dans la nuit du 14 au 15, ordre de battre en
retraite. Canonnade du côté d'Ypres. A quatre heures
du matin, départ. » (Carnet de l'enseigne X...

IV

SUR L'YSER

Nos colonnes s'ébranlent à quatre heures, en pleine nuit, mais les chaussées sont bonnes encore, malgré la pluie qui tombe sans discontinuer depuis la veille.

L'itinéraire passe par Warken, Zarren, Eessen, avec Dixmude comme point terminus. Le 1er bataillon du 2e régiment et la petite artillerie belge du groupe Ponthus ferment la marche. Le mouvement est bien un peu gêné par l'encombrement extrême des routes : c'est l'habituelle caravane des « réfugiés » qui fuient l'invasion, lestés de ballots contenant toute leur fortune. Il n'y a plus que les jambes qui fassent mécaniquement leur office chez ces malheureux.

Ils se rangent pour nous laisser défiler; ils nous regardent d'un œil vide, comme si leur âme était restée là-bas, derrière eux, avec toutes les choses familières et douces qu'ils ont quittées. Nos hommes leur crient au passage : « Espère un peu : on reviendra !... »

Ils ne répondent pas. Il pleut toujours et les capotes ruissellent. Près d'Eessen, nous laissons le commandant de Kerros, avec le 2ᵉ bataillon du 1ᵉʳ régiment, pour tenir les routes de Vladsloo, de Clercken et de Roulers; le 3ᵉ bataillon du 2ᵉ régiment (commandant Mauros) pousse plus loin dans la direction de Woumen, barrant la route d'Ypres. Un beau front, mais d'une envergure un peu large, au gré de l'amiral, pour les forces dont nous disposons. Les quatre autres bataillons et la compagnie de mitrailleuses entrent à Dixmude vers midi (1) et vont

(1) « Arrivée à Cortemarck. Tranchées. Moulin. Couché dans le moulin. Départ à quatre heures ma-

LA GRAND'PLACE DE DIXMUDE

L'HOTEL DE VILLE ET L'ÉGLISE

immédiatement se poster derrière l'Yser,
après avoir détaché une grand'garde au
nord, près du village de Beerst, sur la route
d'Ostende, dont l'accotement porte les rails
d'un petit chemin de fer d'intérêt local.
L'amiral, qui cherche, sur ce pays désespérément plat, un mouvement de terrain
derrière lequel il puisse défiler son artillerie, finit par le rencontrer au sud de la chapelle de Notre-Dame de Bon-Secours, à mi-
chemin d'Eessen. Il place lui-même son
poste de combat à la chapelle. Toutes ces
dispositions ont été prises sur l'heure, et les
hommes, à peine dans leurs cantonnements,
ont été chargés de pioches et de pelles et
envoyés, avec une compagnie du génie
belge, mettre en état de défense les lisières
extérieures de la ville. On doit se contenter

tin. Arrivée à Dixmude à 11 heures. Tranchées en deux
endroits. Entendu le canon. " (Carnet de l'enseigne
Gautier).

de pourvoir au plus urgent : l'ennemi nous presse de partout. Il s'insinue autour de Dixmude. Quelques shrapnells tombent déjà sur la ville, dont les habitants ne vont pas tarder à déménager. Cependant, la voie ferrée est intacte et, précisément, on attend à Dixmude les derniers trains de matériel venant d'Anvers. « Coûte que coûte », — c'est un mot qui reviendra bien souvent dans les ordres de l'état-major et auquel la brigade se pliera sans observation, — il faut protéger la ligne, tenir l'ennemi à distance. Deux, trois trains passent. Les étranges convois ! Jusqu'à la nuit, ils arrivaient, tous feux couverts : les mécaniciens ne sifflaient pas au disque : on n'entendait que le halètement sourd de la machine, pareil au grand soupir de ces plaines dévastées...

Le soir même, nos grand'gardes de la route d'Eessen étaient attaquées par une auto-mitrailleuse et 200 cyclistes allemands : elles repoussaient l'attaque ; mais nous étions vraiment là trop à découvert, trop « en l'air ». L'amiral estimait peu prudent de garder un front aussi vaste avec des troupes numériquement aussi faibles et dont l' « écoulement » demanderait néanmoins un assez long temps. A Dixmude, au contraire, où l'Yser commence d'obliquer vers la côte et dessine un rentrant tourné vers l'ennemi, la position permettait à notre artillerie un tir concentrique particulièrement favorable à l'attitude défensive qui nous était commandée. Il n'y avait plus lieu d'invoquer les considérations qui nous avaient obligés à étendre notre front : tous les transports venant d'Anvers avaient pu s'opérer en temps opportun. Désormais le sort de l'armée belge était assuré ; son matériel avait rejoint, et elle-même, sauf quelques effectifs faits prisonniers à la sortie d'Anvers ou rejetés en Hollande et les divisions qui nous prolongeaient jusqu'à la mer du Nord, se trouvait à l'abri derrière l'Yser, en liaison avec le corps anglais et l'armée du général d'Urbal : la brigade pouvait donc, sans inconvénient, resserrer sa défense autour de Dixmude.

Le commandement belge, passé entre les mains du général Michel, se rendit sans peine à ces raisons, et l'opération fut décidée pour le lendemain. « Les Boches étaient là vingt-quatre heures après nous, dit une lettre de marin. Nous les espérions à huit kilomètres de la ville. Tout le monde était éreinté, mais solide au poste. » L'évacuation de ces avancées dangereuses, sur un terrain plat, découvert, où quelques fermes, des mulons de paille et des peupliers en bordure de route ne nous offraient que des abris intermittents, s'exécuta malgré tout sans pertes sensibles et, tout de suite, la résistance s'organisa autour de Dixmude.

« L'amiral a mouillé ici, écrit le 18 octobre un breveté de Servel. M'est avis que
nous ne démarrerons pas de sitôt. »

Rien de plus exact. Dixmude, jusqu'à
un certain point et surtout quand les eaux
noieront sa banlieue orientale, est un peu
comme un navire embossé à l'entrée d'une
mer intérieure. Mais ce navire n'avait ni
cuirasse, ni bastingages, ni sabords. Les
tranchées creusées à la hâte autour de la
ville n'auraient pu résister à une solide
attaque d'infanterie : la première lame de
fond les eût emportées. Tout était à faire
pour l'organisation de la défense et tout
devait être fait en quelques jours, presque
en quelques heures, sous le feu même de
l'ennemi. C'est l'honneur de l'amiral de
l'avoir tenté et de s'être cramponné à Dixmude comme il se fût cramponné à son
bord. Dès l'instant qu'il a reconnu l'importance de la position, il met tout en œuvre

pour accroître sa valeur défensive : il ne se laisse pas égarer par les feintes de l'adversaire et les tentations de déploiement qu'il lui offre ; ramassé sur l'Yser, la tête vers l'ennemi, il ne sortira de ses lignes que trois fois, pour soutenir une attaque de la cavalerie française sur Thourout, pour ramener l'ennemi qui porte ailleurs son effort et qu'on inquiétera sur Woumen et enfin pour coopérer à la reprise de Pervyse et de Ramscappelle. Mais toujours, même quand il détache ainsi des unités assez loin de sa base, il maintient tout ou partie de ses réserves à Dixmude, il s'accroche à son rentrant, — il monte le quart sur l'Yser.

LA MAISON DU PAPEGAEI

(Tableau de M. Léon Cassel.)

V

DIXMUDE (1)

A la date du 16 octobre 1914, Dixmude (en flamand *Dłksmuiden*) comptait quelque 4 000 âmes. Les Guides l'appellent une « jolie petite ville » : ce n'était qu'un gros bourg. « Imagine-toi Pont-Labbé », écrit un de nos marins, mais un Pont-Labbé flamand, tout briques et tuiles, fleuri d'estaminets et de béguinages, propre, mystique, sensuel et charmant, surtout quand la pluie faisait trêve et que, sous un ciel lavé, derrière un rideau de tilleuls centenaires, ses vieux logis bariolés d'ocre et de vert

(1) Consulter *Patria belgica,* Lancaster (*la Pluie en Belgique*) et, parmi les géographes, notamment Elisée Reclus, J.-C. Houzeau et Raoul Blanchard.

pomme riaient aux eaux de son canal. Des
quatre aires de l'horizon, de longues files de
peupliers s'acheminaient en procession vers
l'antique église qui lui sonnait les heures et
qui était placée sous le vocable de saint
Nicolas. C'était la merveille du lieu. On
louait fort son élégante abside du quinzième
siècle; mais, après qu'on en avait fait le
tour, on pouvait encore, sans déception,
pénétrer à l'intérieur où se voyaient un beau
Jouvenet, l'*Adoration des Mages* de Jordaens,
des fonts baptismaux d'une sobre ordonnance et l'un des plus magnifiques jubés de
la Flandre occidentale, contemporain et
rival de ceux du Folgoët et de Saint-Étienne-
du-Mont.

Cette riche église, la délicieuse grand'-
place gothique de l'Hôtel-de-Ville, le pont
«romain» du canal de Handzaeme et la svelte
silhouette de sa «maison du juge», cinq ou
six autres «demeurances» du vieux temps,

aux pignons en escalier ou en console ram-
pante, comme ce cabaret *Den Papegaei* (Au
Perroquet) qui étalait sur sa façade ventrue,
en énormes chiffres espacés, le millésime de
sa fondation, ne suffisaient peut-être pas à
dériver vers Dixmude le courant de la
badauderie cosmopolite : les touristes la
négligeaient; l'histoire l'ignorait. Chef-lieu
d'arrondissement d'une contrée essentielle-
ment agricole, au confluent de deux cultures
et comme à cheval sur l'infini des betteraves
et l'infini des prairies, dont l'Yser forme la
ligne de démarcation, Dixmude ne s'animait
un peu qu'aux jours de foire : elle apparais-
sait bien alors comme la capitale de ce
grand pays plat, zébré de canaux, plus
aquatique que terrestre, où paissaient, sous
la garde des bergers classiques à houppe-
lande grise, d'innombrables troupeaux de
vaches et de moutons; les prés-salés de
Dixmude, presque autant que son beurre,

qui s'exportait jusqu'en Angleterre, étaient célèbres. Une population pacifique, un peu lourde, de chair rose et de parler rauque, traînant, appuyé, menait dans les fermes éparses autour de la ville une existence tramée de rude labeur, de pratiques dévotieuses et d'honnêtes beuveries. Les pays de plaine ne portent pas au rêve. Quand ils sont, comme celui-ci, des pays amphibies, moitié terre, moitié eau, ils n'exaltent pas non plus la fibre guerrière : trop de soucis domestiques absorbent l'habitant, qui doit batailler à la fois, pour son gagne-pain, contre deux éléments rivaux.

Seule lutte qu'il connaisse : jamais invasion ne s'est risquée par là. Et comment l'eût-elle fait? Tout le pays, entre les collines de Cassel, Dixmude et le bourrelet de dunes du littoral, n'est qu'un immense *schoore,* un vaste polder conquis sur la mer et presque partout en contre-bas d'elle, à

cause du tassement des tangues après leur
asséchement. Jusqu'au onzième siècle, c'é-
tait encore un golfe où pouvaient s'aven-
turer les drakkars des pirates scandinaves :
si Dixmude, comme Penmarc'h et Pont-
Labbé, avait conservé sa physionomie maritime, on aurait retrouvé, aux murs des
maisons riveraines, les organaux rouillés
qui servaient à l'amarrage des barques.
Pour s'assurer la possession de cette terre
incertaine, lentement annexée par l'effort
des générations, conquise, mais non sou-
mise et toujours nostalgique de son premier état, il ne suffisait pas de refouler la
mer, qui l'eût remplie deux fois le jour de
ses remontées régulières : il fallait encore
évacuer les eaux douces qui s'y déversent
de l'ouest et du sud et principalement des
collines glaiseuses du Houtland, stagnent
sur un sol imperméable, noient les prairies,
coupent les chemins, battent les villages.

La lutte est de toutes les heures. Un tel
pays, menacé sur tous ses fronts, n'est
habitable que moyennant des précautions
et une surveillance incessantes : contre la
mer, on a Nieuport et son formidable outil-
lage de pertuis, de jeux d'écluses, de sas, de
vannes et de crics ; contre l'eau douce, qui
suinte de partout, dont les flaques, dès l'automne et longtemps encore après l'hiver,
diamantent la bure de la glèbe, on n'a que
le drainage méthodique, continuel, dirigé,
sous le contrôle de l'État, par des associa-
tions de fermiers et de propriétaires (les
gardes-wateringues). De là les innombrables
fossés d'écoulement *(watergands)* qui lon-
gent les haies, les milliers de canaux collecteurs qui quadrillent le sol, les digues de
plusieurs mètres de haut qui surplombent
les rivières, l'Yser, l'Yperlée, le Kemmel,
le Berteartaart, le Viret, vingt autres ruis-
seaux innomés et d'allure débonnaire qui,

VIEILLES MAISONS SUR LE CANAL DE HANDZAEME

brusquement, aux guilées d'automne, s'enflent, bouillonnent et dévalent torrentiellement dans l'ancien *schoore* de Dixmude. Les routes, sur ce pays déprimé, cette palude illimitée, dont quelques bouquets d'arbres, des toits de fermes basses rompent seuls la monotonie, doivent être fortement surélevées. Elles sont peu nombreuses. Juste ce qu'il faut pour assurer les communications. Encore exigent-elles un entretien permanent; ravinées par les obus, défoncées par les « marmites » allemandes, les « gros noirs », comme les appellent les marins, nos compagnies de cantonniers françaises et belges, pendant toute la durée des opérations qui vont commencer, seront occupées nuit et jour à les remettre en état.

Des autres routes qui rampent sur la plaine, il ne faut pas parler. Ce ne sont que des pistes, dont la plupart s'effacent, l'automne venu, sous l'afflux des eaux souterraines. L'eau est ici partout : dans l'air, sur terre et sous terre, où elle apparaît à moins d'un mètre de profondeur, dès qu'on crève la croûte d'argile molle qu'elle soulève comme une ampoule. Il pleut trois jours sur quatre dans cette région. Les vents de noroît eux-mêmes, qui étêtent les maigres arbres et les couchent dans une attitude de panique, y charrient les lourds nuages de pluie froide formés au large, dans les zones hyperborées. Et, quand la pluie cesse, la brume monte du sol, une brume blanche, presque consistante, où hommes et choses prennent un aspect fantomal. Il arrive bien que le *schoore* s'éclaire entre deux ondées, comme un visage en pleurs qui s'essaie à sourire. Ces bonnes fortunes sont rares. C'est ici le pays de l'humidité, le royaume de l'eau, — l'eau douce, la bête noire de nos marins. Et c'est ici que la destinée les appelle à combattre, à fournir leur plus gigantesque effort. Pendant près de quatre semaines, du 16 octobre au 10 novembre (date de la prise de Dixmude), à l'entrée de ce delta de marécages, veillé par de vieux moulins aux ailes disloquées, un contre six, sans caleçons, sans chaussettes, sous la pluie, dans la vase plus cruelle que les obus, ils vont, avec l'amiral, s'accrocher désespérément à leur radeau de misère pour barrer la route de Dunkerque, sauver l'armée belge d'abord, puis permettre à nos armées du Nord de se masser derrière l'Yser et d'étaler le choc ennemi. « Au début d'octobre, dit le *Bulletin des armées* du 25 novembre 1914, qui résume exactement la situation, l'armée belge sortait d'Anvers trop éprouvée pour participer à une manœuvre (1) ; les Anglais quittaient l'Aisne

(1) Quatre de ses divisions allaient cependant dé-

pour le Nord ; l'armée du général de Castelnau ne dépassait pas le sud d'Arras ; celle du général de Maudhuy se défendait du sud d'Arras au sud de Lille. Plus loin, nous avions de la cavalerie, des territoriaux, des fusiliers marins. » Pour le moment, à Dixmude, au point le plus exposé et sauf quelques détachements belges, qui se raidissaient, dans un suprême effort, pour coopérer à la défense, nous n'avions que les fusiliers.

L'amiral leur avait dit : « Le rôle qu'on vous donne est dangereux et solennel : on a besoin de vos courages. Pour sauver tout à fait notre aile gauche jusqu'à l'arrivée des renforts, sacrifiez-vous. *Tâchez de tenir au moins quatre jours* (1). »

fendre seules, jusqu'au 23 octobre, la route d'Ypres à Ostende, entre Dixmude et Slype, puis la ligne de l'Yser, de Dixmude à Nieuport. (V. plus loin.)

(1) Pierre Loti, *Illustration* du 12 décembre 1914.

Au bout de quinze jours les renforts
n'étaient pas encore arrivés et les fusiliers
continuaient de « tenir (1) ». Ces hommes
n'avaient aucune illusion sur le sort qui les
attendait. Ils se savaient perdus, mais ils
embrassaient toute la grandeur de leur
sacrifice. « C'est à nous, les marins, écrira
de Dixmude à la date du 5 novembre le
fusilier P..., d'Audierne, qu'on avait confié
le poste d'honneur, c'est-à-dire que dans ce
coin-là il fallait tenir coûte que coûte : plutôt mourir tous que de capituler! Et je t'assure que nous avons tenu bon, quoique
nous n'étions qu'une poignée d'hommes
contre une force six fois supérieure en
nombre avec de l'artillerie. » Exactement
6 000 marins et 5 000 Belges, sous les
ordres du général Meyser, contre trois

(1) Jusqu'au 4 novembre exactement, où les renforts arrivèrent, mais pour nous quitter presque aussitôt.

corps d'armée allemands (1). Une artillerie insuffisante, au moins dans les débuts (2). Pas de pièces lourdes, pas d'avions non plus (3), rien pour nous éclairer que les rapports des cyclistes belges et les évaluations approximatives des hommes des tranchées.

— Combien étiez-vous donc? demandera au lendemain de la prise de Dixmude un major prussien fait prisonnier. Quarante mille au moins, n'est-ce pas?

(1) « Un autre jour, le capitaine nous lit un ordre de l'amiral : il nous dit qu'il y avait trois corps d'armée allemands contre nous et qu'il fallait les tenir à toute force en attendant les renforts. » (Lettre du fusilier M. R..., de Tudy.)

(2) « Sans doute nos braves petits canons belges donnaient de la voix. Mais que pouvaient ces roquets contre les molosses teutons? » (Cité par le docteur Caradec.)

(3) Mais ceci n'est pas imputable à un défaut d'organisation. Il faut se rappeler que la brigade était dirigée sur Anvers et que ce sont les circonstances qui en ont fait un corps détaché, opérant loin de nos bases.

Et, quand il apprendra que les marins n'étaient que 6 000, il murmurera en pleurant de rage :

— Ah! si nous avions su (1) !

(1) *Mille kilomètres sur le front* (*Lectures pour tous* du 15 janvier 1915). La scène est rapportée un peu différemment par Jean Claudius : « Un officier supérieur prussien, fait prisonnier, demandait quelques jours après [la prise de Dixmude] : « Mais enfin « combien étiez-vous? » On n'osa pas dire le chiffre. On avait honte d'être si peu ; on répondit : « Dix mille. — « Dix mille! (et des larmes de rage jaillissaient des yeux « de l'Allemand). C'est mal de me tromper ainsi. Dix « mille Français n'auraient pas résisté à nos cin- « quante mille soldats. » (*Petite Gironde* du 1er février 1915.) — Enfin, dans le carnet de l'enseigne X..., la scène se passe au lendemain de Melle : « Dimanche 11 octobre. Un officier allemand fait prisonnier pleure lorsqu'on lui apprend qu'on n'était que 6 000. »

VI

Sauf un maigre faubourg qu'elle pousse
au delà du canal de Handzaeme, Dixmude
est tout entière étalée sur la rive droite de
l'Yser. Cependant notre front de défense
générale, à la date du 16 octobre, en amont
et en aval de la ville, déborde sensiblement
le tracé du fleuve : de Saint-Jacques-Cappelle à la mer du Nord, par Beerst, Keyem,
Leke, Saint-Pierre, etc., petites agglomé-
rations rurales, hier inconnues, endormies
dans la douce paix flamande et qui vont
s'éveiller au coup de tonnerre de l'invasion,
l'arc de cercle qu'il décrit suit à peu près
sur tout son parcours, jusqu'à Stype, l'accotement du chemin de fer routier d'Ypres

à Ostende. Les fusiliers flanquent ce front, de Saint-Jacques au confluent du Viret. Les 1ʳᵉ, 2ᵉ, 4ᵉ et 5ᵉ divisions belges occupent le reste du fer à cheval, mais les effectifs de ces divisions étiques n'ont pas été complétés ; certains régiments sont tombés de 6 000 à 2 000 hommes ; des compagnies entières ont fondu. Ces débris continuent de faire tête avec un beau courage. Jusques à quand ? Comme à nos fusiliers, on leur a demandé de tenir quatre jours, et c'est le 23 octobre seulement, au bout de neuf jours, qu'arriveront les renforts du général Grossetti (1).

(1) Les effectifs belges qui vont coopérer avec nous à la défense de Dixmude ne se montreront pas inférieurs à ceux du bas et moyen Yser et si, au lieu d'un historique de la brigade, nous avions fait ici un exposé général des opérations, la plus simple équité nous eût commandé de restituer à ces troupes la part qui leur revient dans la défense. Elle fut assez belle pour que le général en chef des armées chargeât le général Foch

L'amiral avait partagé la défense de Dixmude en deux secteurs, coupés par la route de Caeskerke : le secteur nord, confié au 1ᵉʳ régiment (commandant Delage), et le secteur sud, confié au 2ᵉ régiment (commandant Varney). Il avait placé son poste de commandement à la gare de Caeskerke, au point de jonction des lignes de Furnes et de Nieuport, ne gardant à sa disposition qu'un bataillon du 2ᵉ régiment. Des deux batteries du groupe belge, l'une s'était défilée au sud du deuxième passage à niveau de la voie ferrée de Furnes, l'autre au nord

d'aller porter au général Meyser, dont la brigade s'était particulièrement distinguée à Dixmude, la cravate de commandeur de la Légion d'honneur et pour que deux des drapeaux de cette même brigade, le 11ᵉ et le 12ᵉ, fussent décorés par le Roi et autorisés à inscrire dans leurs plis le nom de la glorieuse cité. Nous n'avons pas davantage insisté, et pour les mêmes raisons, sur l'actif et brillant concours que nous prêtèrent les quelques centaines de Sénégalais qui, vers la fin, furent adjoints aux fusiliers.

de Caeskerke. Une ligne téléphonique les reliait à la grande minoterie de Dixmude située à l'entrée du Haut-Pont et dont la plate-forme en ciment armé nous offrait un excellent observatoire. L'épaisseur de ce massif de béton, aussi coûteux que disproportionné à l'importance de l'établissement, mais très propre à recevoir de l'artillerie lourde qui battrait de là toute la vallée de l'Yser, ne laissait pas d'inspirer certaines réflexions : c'est peut-être une des rares occasions où les préparatifs de l' « avant-guerre » auront tourné contre leurs auteurs. La compagnie des mitrailleuses se tenait à la croisée des routes de Pervyse et d'Oudecappelle ; dans les tranchées de l'Yser nous avions surtout des troupes belges ; au sud enfin, débouchant de la forêt d'Houthulst avec quatre divisions de cavalerie (1),

(1) C'est ce corps qui gardait l'Yser vers Loo. Avec une magnifique audace, le général d'Urbal, avant même

LE HAUT-PONT ET LA MINOTERIE

(Tableau de M. Léon Cassel.)

le général de Mitry lançait une pointe har-
die sur Clercken et nous soulageait un peu
de ce côté, sans parvenir à enrayer l'offensive allemande qui se déployait en force à
quatre heures de l'après-midi.

Suivant son habitude, l'ennemi avait
commencé par préparer le terrain à l'aide
de son artillerie, qui, du plissement où elle
s'était défilée, aux abords d'Eessen, à l'est
de Dixmude, nous couvrait des projectiles
de ses canons de 10 et de 15 centimètres.
A peine les derniers flocons des batteries
allemandes s'étaient-ils dissipés que l'infanterie attaqua : l'action fut assez chaude et
se prolongea pendant toute la nuit et la matinée du 17, avec des alternatives violentes
d'avance et de recul. L'ennemi, désireux

d'être en possession de toutes ses forces, le jetait sur la
forêt d'Houthulst, d'où il devait débusquer les Allemands, pour marcher ensuite sur Thourout et Roulers,
tandis que sir Rawlinson marcherait sur Menin.

d'en finir d'un coup, se présentait en masses
compactes dans lesquelles nos mitrailleuses
et nos feux de salve ouvraient des brèches
sanglantes. Ces bastions mouvants oscil-
laient pendant quelques secondes, rebou-
chaient leurs brèches et revenaient en formations aussi serrées qu'avant. Aucun réseau de fils barbelés ne protégeait les
abords de nos tranchées ; la plupart n'avaient
ni toit, ni créneaux. Dans ces installations
de fortune, le succès de la résistance dé-
pendait uniquement de l'intrépidité des
hommes et de l'adresse du commandement.
Quelques « éléments » furent perdus, repris, perdus et repris encore. Mais, dans
l'ensemble, notre ligne se maintint : l'ennemi ne put pénétrer dans la défense. Au
petit jour, découragé, il suspendit l'attaque ; mais, comme un chien qui s'éloigne
en grondant, il n'arrêta de nous canonner
qu'à onze heures du matin. « Après, note

le fusilier R..., tout bruit cesse. Dixmude
a peu souffert; les dégâts causés par les
obus sont insignifiants. » Mais il est vrai
que l'ennemi n'avait pas reçu encore son
artillerie lourde.

On profita du répit qu'il nous accordait
pour refaire les tranchées des lisières extérieures, quelque peu endommagées, et
commencer l'organisation des autres; le
travail, d'ailleurs, était repris à chaque
accalmie, mais il s'exécutait surtout la nuit
et le matin, de cinq à neuf heures, jusqu'au
lever de la brume. A cette heure-là, géné-
ralement, avec la clarté, la canonnade reprenait : nos pièces étaient trop faibles et
en trop petit nombre pour répliquer effi-
cacement à l'ennemi. Aussi la brigade
accueillit-elle avec un vrai soulagement le
renfort qui lui arriva dans la journée du
17 : cinq batteries du 3ᵉ régiment d'artillerie belge (colonel Wleschounes) qui,

ajoutées au groupe Ponthus, allaient donner
à la défense de Dixmude un total respec-
table de soixante-douze bouches à feu,
sans grande portée malheureusement et
d'un métal trop peu résistant pour nos obus
de 75. Telles quelles, réparties de Caeskerke
à Saint-Jacques-Cappelle (1), notre front
s'en trouva singulièrement amélioré. L'amiral, qui voulait s'en réserver l'emploi, fit
relier téléphoniquement cette artillerie à
son poste de commandement : une bataille
se dirige aujourd'hui du fond d'un cabinet.
Néanmoins il autorisa d'une façon perma-
nente les batteries à « ouvrir instantané-
ment le feu de jour comme de nuit sur les
abords de Dixmude, toutes les fois que la
fusillade et particulièrement le bruit des mitrailleuses indiquerait qu'une attaque d'in-

(1) Un groupe sur l'Yser, au nord de Caeskerke, un
au sud d'Oostkerke, un à la ferme Bien-Acquis, un à
Kappelhock, un à Saint-Jacques-Cappelle.

fanterie était dirigée contre nos tranchées » .

Son échec du 16 octobre avait-il induit notre adversaire à plus de circonspection? Comme il nous avait laissé respirer dans l'après-midi du 17, il nous donna campos toute la journée du dimanche 18. On ne signala que deux ou trois patrouilles de cavalerie vers Dixmude et qui furent rapidement dissipées par quelques volées d'artillerie. Ce jour-là encore, nos fusiliers eurent une heureuse surprise : un officier de haute taille, silencieux, aux yeux graves, sanglé dans son dolman noir, vint visiter avec l'amiral les tranchées de l'Yser. Son inspection avait dû le satisfaire. Il serra la main de l'amiral et, remonté sur la berge, s'arrêta un moment pour contempler le triangle de marécages qui faisait à présent tout son royaume : c'était Albert Ier (1).

(1) « Celui-là est un roi modèle. Je l'ai vu parcou-

D'autres nouvelles arrivaient du front, qui étaient de nature à nous inspirer confiance. Malgré la chute de Lille, nos armées du Nord avaient pris l'offensive de Roye à la Lys, avec un succès marqué : du quartier général anglais ordre était donné au 1er corps de se concentrer à Ypres, d'où il essaierait de se porter dans la direction de Bruges (1). Ce mouvement stratégique avait même reçu un commencement d'exécution et la cavalerie française qui venait d'enlever Clercken pouvait être considérée comme l'avant-garde du corps de sir Douglas Haig. Elle demandait à l'amiral de la faire appuyer en flanc pour continuer sur Zarren et Thourout. L'amiral détacha im-

rir les tranchées ; ça, c'est un homme. » (Lettre du marin A. C..., 30 octobre.)

(1) Cf. *Rapport du maréchal French*. On sait que ce mouvement, prononcé le 21 octobre, fut arrêté sur la ligne Zonnebeke - Saint - Julien - Langermack - Bischoote.

(Cl. Meurisse.)

AUTO-MITRAILLEUSE BELGE EN RECONNAISSANCE DANS LA PLAINE DE DIXMUDE

médiatement vers Eessen le commandant
Mauros avec un bataillon du 2ᵉ régiment et
deux auto-mitrailleuses belges (1). La route
était libre, jonchée de cadavres de chevaux,
même de soldats, comme après une retraite
précipitée (2). L'ennemi semblait s'être
volatilisé. Mais, à Eessen, l'église, dont il
avait fait son écurie, comme il fera de
l'église de Vladsloo une sentine, par vieux
goût luthérien du sacrilège, gardait les
traces toutes fraîches de son passage (3).
Ces fumées de la bête ne nous renseignaient
pas sur la direction qu'elle avait prise. Plusieurs routes s'ouvraient devant elle. Le
plus vraisemblable est qu'averti du mouvement de la cavalerie française l'ennemi se

(1) Le bataillon de Kerros y avait fait la veille une
reconnaissance offensive.

(2) « Sur notre route plusieurs chevaux abattus et
quelques morts jonchaient le sol. » (Lettre du fusilier
F. L. F..., du Passage-Lanriec.)

(3) Communication de M. l'abbé Le H...

retirait sur Bruges par Wercken ou Vlads-loo. A tout hasard, le commandant Mauros s'était installé en halte gardée à Eessen pour y attendre le jour, cependant que deux régiments de goumiers (1), qui avaient été mis pour la circonstance à la disposition de l'amiral et qui assuraient sa liaison avec le gros du corps, opérant sur Thourout, par-taient en fourrageurs vers Bovekerke et les bois de Couckelaere. On atteignit ainsi la matinée, et l'exécution du plan français semblait devoir se poursuivre normalement, quand un terrible coup de boutoir de l'en-nemi, sur un point où on ne l'attendait pas, vint brusquement tout compromettre.

En réalité les Allemands n'avaient pas battu en retraite. Ou plutôt ils ne s'étaient repliés que pour reprendre le contact plus loin et dans des conditions plus favorables.

(1) Sous les ordres du colonel du Jonchay.

Renseignés sur le genre d'accueil qui les attendait à Dixmude, ils voulaient tâter un autre point du front, dans l'espoir que les « petits Belges » se montreraient de meilleure composition que les « demoiselles au pompon rouge ». Vers neuf heures, dans la matinée du 19, en trois bonds simultanés, ils se jetaient, à Leke, à Keyem et à Beerst, sur la mince ligne belge, qui chancelait sous le choc. Pourrons-nous la soutenir à temps? Qu'elle soit enfoncée, et c'est la route ouverte vers l'Yser, l'Yser emporté peut-être, Dixmude prise à revers. L'amiral n'hésite pas : toute la brigade donnera, s'il le faut. Il pousse à marche forcée deux des bataillons de sa réserve sur la route d'Ostende, un autre (commandant Mauros) en flanc sur Vladsloo et Hoograde. L'artillerie appuie le mouvement, qui commence à dix heures. Mais il est impossible de savoir si Keyem et Beerst sont aux mains des

Belges ou des Allemands et, dans le doute, l'artillerie n'ose les fouiller. Les deux villages s'enveloppent d'un silence de mauvais augure. Le commandant Jeanniot et le commandant Pugliesi-Conti, qui marchent sur Keyem avec le 1ᵉʳ et le 2ᵉ bataillons du 2ᵉ régiment, prennent leurs dispositions en conséquence : tandis que la 6ᵉ compagnie du 2ᵉ bataillon s'avance vers Keyem, avec le lieutenant de vaisseau Pertus, la 5ᵉ compagnie, commandée par le lieutenant de vaisseau de Maussion de Candé, reçoit l'ordre de se porter sur Beerst. De Maussion fait mettre sa compagnie en ligne de sections par quatre. Aux approches du village, il est accueilli par une salve de mitraille ; les Allemands sont retranchés dans les maisons et l'église, d'où ils dirigent un feu nourri sur nos troupes. L'attaque de la position est rendue singulièrement difficile par la nature du terrain, complètement plat, et sans autre abri que les fossés d'irrigation et quelques haies défeuillées ; on ne peut s'en approcher qu'en rampant. Nous perdons pas mal d'hommes dans cette manœuvre de déploiement, si peu conforme à la nature impulsive des marins : toute tête qui émerge est une cible ; de Maussion, qui s'est mis debout, pour inspecter la position ennemie, tombe foudroyé. A chaque instant quelqu'un des nôtres roule dans les betteraves. La charge ne sonnera donc pas ? Elle sonnera. Mais trop tôt encore. Pertus, qui est entré dans Keyem, culbute le premier, la jambe broyée, au moment où il emportait le village : on lui détache en soutien le lieutenant de vaisseau Hébert avec la 8e compagnie. « Mais les fossés de la route sont déjà remplis par les hommes du 1er bataillon, et le capitaine Hébert doit obliquer à travers champs pour éviter cette route encombrée. Le feu que nous recevions était devenu

très vif. Il nous prenait par le flanc et nous
risquions d'être anéantis avant d'avoir
atteint notre objectif : la compagnie Hébert
fit donc un à-droite et marcha sur la lisière
des bois et des maisons situés entre Beerst
et Keyem, lisière où semblaient se tenir
l'infanterie et l'artillerie ennemies (1). »
Hébert se retranche dans une ferme avec
la 3ᵉ section ; l'enseigne de Blois et l'officier des équipages Fossey, avec la 1ʳᵉ et la
2ᵉ section, se déploient en tirailleurs, face
au boqueteau. De haie en haie et de *watergand* en *watergand,* appuyés par la section
de mitrailleuses du lieutenant de vaisseau
de Roucy, ils parviennent jusqu'à 500 mètres
de la position ennemie, en liaison avec le
commandant Jeanniot qu'une manœuvre
semblable a porté sur leur gauche à la même
hauteur.

(1) *Corresp. part.*

— Je crois que c'est le moment de faire le bond, dit le commandant.

— En avant! crie de Blois à ses hommes.

Fossey donne le même ordre : les deux sections s'élancent de leurs tranchées provisoires sous une pluie de balles. Plusieurs hommes basculent; Fossey est tué, de Blois grièvement blessé à la tête et à la jambe (1) : le reste des sections se débande vers la ferme où Hébert, par les meurtrières qu'il a réussi à ouvrir aux étages supérieurs, « truqués » par leurs premiers occupants « de telle sorte qu'on ne pût pas tirer », essaie d'arrêter la contre-attaque ennemie, jusqu'au moment où une «batterie invisible»

(1) On sait que, sous le pseudonyme d'Avesnes, le comte de Blois a publié des souvenirs de voyage, des contes et un roman maritime, *la Vocation*, d'une délicatesse de sentiment et d'une finesse d'analyse peu communes. Il n'est que juste de nommer ici le quartier-maître Echivant qui emporta sous les balles son officier blessé et le ramena en arrière.

défonce les murs, blesse ses deux lieutenants et l'oblige à se replier. Lui-même, en
se défilant par les fossés, est atteint de deux
balles (1) ; l'enseigne du Reau, qui s'est

(1) « Une à une les compagnies de mon bataillon
furent engagées. La mienne prit position dans une
ferme. En l'inspectant, je m'aperçus qu'elle était
truquée : les murs du côté regardant Dixmude étaient
percés de meurtrières ; du côté opposé, au contraire,
tout était arrangé de telle sorte qu'on ne pût pas
tirer. Il fallut construire des échafaudages pour arriver
aux fenêtres surélevées... Et, quelques instants après,
une batterie invisible nous couvrit d'obus. Les shrapnells labouraient le sol, les percutants enfonçaient les
murs, mes hommes tombèrent, mes deux lieutenants
furent blessés. En se défilant dans les fossés, nous
pûmes sortir. Des tireurs habiles dissimulés dans les
arbres nous décimaient. Et brusquement mon bras
gauche me fit un mal horrible, une balle m'avait
déchiré les muscles du coude au poignet. Une autre
me frappa au cœur, traversant un bloc-notes, un
manuel d'officier en campagne et s'arrêta sur mon por-
tefeuille. Je tombai. Mes hommes m'emportèrent sous
le feu. Ma dernière vision est un ballon captif qui se
dandinait au-dessus des bois et dirigeait le tir de la
batterie ennemie. » (R. KIMLEY, *op. cit.*). M. G. Hébert

levé de son abri pour se porter en avant,
a l'épaule fracassée ; les pertes du bataillon
Jeanniot, dont les sections ont continué l'attaque et laissé cent dix des leurs sur le car-
reau, sont bientôt si fortes qu'il faut le ramener en arrière. C'est alors que le « colonel »
du 2ᵉ régiment, ralliant les débris des compagnies engagées et sans cesser de se couvrir
vers Keyem, fait masse de toutes ses forces,
prend leur tête et, après avoir rampé jusqu'à
deux cents mètres de la position, se jette
en foudre sur Beerst. Son exemple électrise
les hommes. On sent qu'ils se feront hacher
cette fois plutôt que de céder le terrain ;
pour être plus libres de leurs mouvements,
certains ont « décapelé » leurs capotes. Le
vieux sang corsaire gronde en eux. Ce n'est
plus la charge, c'est l'abordage, où, comme
aux temps héroïques, le premier qui saute

est le célèbre inventeur des méthodes athlétiques en
usage dans la marine et qui portent son nom.

sur le pont ennemi, sabre aux dents, pistolets au poing, est le chef de la bordée (1). Derrière le « colonel » du 2ᵉ régiment, redevenu le commandant Varney, tout l'équipage se rue. Mais, une maison enlevée, il faut prendre d'assaut la suivante. Cependant l'attaque progresse. L'amiral, pour lui conserver son souffle, la fait soutenir par un nouveau bataillon de sa réserve (commandant de Kerros), que le bataillon Jeanniot, trop éprouvé, ira remplacer à Dixmude. Le bataillon Mauros débouche dans le même temps de Vladsloo d'où il a délogé l'ennemi avec l'aide des auto-mitrailleuses de la brigade belge (2) ; la 5ᵉ division alliée pro-

(1) « Au milieu d'un feu violent de mitraille, il [le capitaine de vaisseau Varney] entre le premier dans le village de Beerst, enlevant une compagnie à sa suite. » (*Corresp. part.*).

(2) Cette opération, qui fut très brillante et valut au capitaine de frégate Mauros son inscription au tableau d'avancement, semble s'être faite d'assez bonne heure

longe le front de combat à droite et en arrière. Et, tout de suite, on voit les effets de
cette heureuse disposition tactique : l'ennemi, qui a mis en action son artillerie,
tâtonne à la recherche de nos pièces défi-
lées au nord de Dixmude ; à cinq heures de
l'après-midi, nous sommes maîtres de
Beerst. Les baïonnettes peuvent se reposer : elles ont fait du « bon travail » ; dans
les rues, les cours des fermes, on marche
sur une litière de cadavres. Mais la nuit
tombe ; l'amiral, qui s'est porté sur la ligne
de feu, ordonne au commandant Varney
d'organiser immédiatement les abords du

et peut-être dans la nuit même. « En arrivant à Eessen,
à une heure du matin, note le fusilier R..., une compagnie, envoyée en reconnaissance au village de Vladsloo, est accueillie à coups de fusil : les Allemands
n'ont pas encore abandonné ce village ; nous les dé-
logeons, aidés par des auto-mitrailleuses belges et par
l'artillerie belge. Nous réussissons à nous emparer de
Vladsloo et devons faire notre jonction avec le reste du
régiment à Beerst. »

village en prévision d'un retour offensif de l'ennemi. Nos hommes s'y mettent allégrement; ils sont encore dans tout l'enivrement de leur coûteuse victoire (1). A peine

(1) « Lundi 19 octobre attaque de Beerst à la baïonnette. Plusieurs officiers tués et blessés. » (Carnet de l'enseigne X...) — « Depuis cinq jours on se bat, écrit dans une lettre à la date du 22 octobre l'enseigne Gautier. Avant-hier nous avons repris l'offensive. Cela a été un peu dur. Ne te frappe pas des pertes annoncées. Je ne t'en aurais pas parlé, mais, puisque aussi bien tu les verras dans les journaux, j'aime mieux que ce soit moi qui te les dise : Le Douget, qui était aux compagnies de formation à Lorient, a été tué à Gand. De Maussion a été tué avant-hier; Hébert, Pertus, de Mons sont blessés... » Dans son carnet de route, à la date du 18, l'enseigne Gautier ajoute aux noms précédents ceux des enseignes de Blois et de Roussille, blessés. Sur l'affaire elle-même, il fournit quelques précisions intéressantes : « Les Allemands tirent sur nous à 100 mètres à droite de leurs petits postes. Mise en batterie sur une route près d'une maison; reçu des shrapnells en quantité; replié plus loin, puis au crépuscule mis en route sur Beerst. Rampé pendant 800 mètres. » — Voici d'autre part un petit fait que nous rapporte l'abbé Le H... et qui met en belle lumière l'héroïsme et l'esprit d'abnégation

la pioche en main, un contre-ordre : du quartier général belge, on nous commande de nous replier sur nos anciennes positions.

des hommes. « C'était à Beerst. Un quartier-maître a la jambe cassée d'une balle dans la tranchée provisoire qu'il occupait avec sa compagnie. Il continue à se battre. Ses camarades sont obligés de céder du terrain sous un feu d'enfer. Il refuse de se laisser emporter et se traîne dans un fossé d'où il abat encore trois Allemands venus en rampant pour le prendre. Heureusement un jeune fusilier n'a pu se résoudre à laisser là le quartier-maître qui fit son instruction à Lorient. Au prix d'efforts inouïs, il parvient jusqu'à lui et réussit à le traîner pendant 300 mètres jusqu'à une maison où il le met à l'abri. A peine est-il sorti de cette maison qu'une balle l'atteint à son tour au bras. La nuit tombait. Il s'en vient seul au poste de secours pour se faire panser. Je m'y trouvais. Il me raconte son histoire avec une émotion si communicative que je lui demande de servir de guide à deux brancardiers que j'accompagnerai et qui iront chercher le quartier-maître. Sans hésiter, malgré le danger très réel, il se remet en route devant nous. Après une marche très pénible sur un terrain complètement plat et balayé par les mitrailleuses allemandes, nous avons la chance de retrouver le quartier-maître et de pouvoir le ramener

La brigade rentre à onze heures du soir
dans ses cantonnements de Caeskerke et
de Saint-Jacques-Cappelle. Derrière elle,
l'horizon flambe : c'est Vladsloo que l'ennemi a réoccupé et qui dresse le « coq
rouge » sur ses toits.

dans nos lignes. Je signalai le soir même ces deux
braves au commandant du régiment. Puissent-ils
avoir obtenu la récompense qu'ils méritaient ! »

LES PREMIERS EFFETS DU BOMBARDEMENT

Le quartier général belge a-t-il jugé que son front de la route d'Ostende était trop excentrique et que la ligne de l'Yser lui offrirait un plus solide épaulement? C'est probable. Et, à ce compte, notre diversion sur Beerst n'aura pas été complètement inutile, puisqu'elle aura permis le repli en bon ordre des troupes belges ; mais, d'autre part, du fait de cette diversion et du renforcement des troupes allemandes, de Mitry n'a pu se maintenir à Thourout : les goumiers sont rentrés à Loo ; le reste de la cavalerie française a dû suivre le mouvement. Tout le terrain est dégagé devant Dixmude, et l'ennemi, grossi de nouvelles formations et qui

a reçu d'Anvers son artillerie lourde, devenue disponible par la chute de la ville, va
pouvoir reprendre en toute sécurité l'attaque
de nos positions, combinée avec une action
parallèle sur les lignes du bas et moyen
Yser. Pour l'intelligence de ce qui va suivre,
il convient en effet de se rappeler que la
défense de Dixmude et celle de l'Yser, puis,
après que l'Yser aura été forcé, la défense
de la voie ferrée de Caeskerke-Nieuport,
sont intimement liées et que Pervyse et
Ramscapelle mènent aussi bien à Furnes que
Dixmude, Pollinchove ou Loo.

A une situation nouvelle convenait une
organisation nouvelle des forces alliées :
dans la nuit du 19 octobre, la brigade belge
Meyser passait sous les ordres de l'amiral;
le 20, à onze heures, la première « marmite » tombait sur Dixmude. « Jusque-là,
écrit le capitaine de compagnie X..., les
shrapnells de 77, aux miaulements étranges,

étaient les seuls cadeaux que l'ennemi avait envoyés. Mais, dans la journée du 20, commencèrent à pleuvoir les marmites, et leur premier objectif fut, bien entendu, l'église. A la cinquième ou sixième, ce joli édifice était en feu (1). » Nous n'y avions pourtant aucun observateur. Jusqu'au matin, en prévision du bombardement, on avait travaillé aux tranchées. Les plus rapprochées de l'ennemi avaient été crénelées, barbelées, approfondies à 1 m. 70 et solidement pla-

(1) Cf. Docteur CARADEC, *op. cit.* V. aussi le carnet de route et les lettres de l'enseigne Gautier : « Onze heures, église en flammes... Les marins sont amusants. Hier, pendant la canonnade sur l'église, ils disaient : « Ah ! les vaches, les fumiers ! Si je pouvais « tenir le dernier, je lui casserais la gueule ! » Et ce matin (22) nous avons fait un prisonnier blessé. Sur son passage pas un mot de haine, pas une injure. Deux marins l'aidaient à marcher. Il disait : « Bonjour. La guerre est terrible. » Et les hommes répondaient. Ils sont plus Français qu'ils ne croient, nos hommes ! »

fonnées (1). Mais toute la défense intérieure
était encore à organiser, notamment le talus
du chemin de fer, où les «gros noirs» pleuvaient dru. Un soir que sa compagnie était
de réserve après quarante-huit heures de
tranchées, le lieutenant de vaisseau A... fut
commandé pour y prendre position. Il y
avait été de garde la troisième nuit précédente; il savait, par expérience, combien
l'endroit était dangereux et, moins pour lui
que pour les 250 hommes dont il avait la
responsabilité, il tenait à libérer sa cons-
cience de chef.

— Il n'y a pas de tranchées au talus du
chemin de fer, commandant, fit-il observer
au capitaine de vaisseau V...

(1) « Je me suis révélé entrepreneur de terrasse-
ments : mes tranchées font l'admiration des camarades...
J'ai deux chambres pour les mitrailleuses, un corridor
central à 1 m. 70 de profondeur avec soutes, etc.
Tout le confort moderne... » (Lettre de l'enseigne Gautier.)

— Je le sais.

— Bien, commandant.

« Et souriant, pour donner confiance à ses hommes, ajoute le témoin qui nous rapporte ce dialogue, il s'en alla vers un poste aussi découvert qu'un glacis. »

Avec de tels officiers, Dixmude était mieux défendue que par un triple cordon de blockhaus. Les hommes, qui valaient les chefs, s'étaient vite habitués au fracas des « marmites ». Elles font plus de bruit que de mal, « parce qu'on peut les voir venir et qu'elles s'annoncent par un grincement de poulies mal graissées » (1), expliquait à sa famille un fusilier, qui ajoutait naïvement : « Tout de même, celui qui a envie d'en-

(1) « Les gros obus au début font naître un très désagréable sentiment d'angoisse, puis on s'y habitue et on cherche à deviner d'après le sifflement où ils vont tomber. J'ai vu un arbre moyen se courber sous le vent du boulet... » (Carnet de route de l'enseigne Gautier.)

tendre des coups de canon n'a qu'à venir ici. » De fait, le tapage était effroyable : 420, 305 et 77 tonnaient à l'unisson. Sans artillerie lourde pour riposter à l'ennemi, nous devions nous contenter d'attendre l'attaque inévitable qui allait suivre le nettoiement du terrain. Mais, là, les soixante-douze pièces de nos six groupes pouvaient dire leur mot. Malheureusement, à notre droite, les ravages causés dans les tranchées belges par les rafales de l'artillerie allemande ne permettaient plus à nos alliés de se maintenir : prévenu à temps, l'amiral envoya quatre de nos compagnies les remplacer. Les tranchées n'étaient pas plus tôt regarnies que l'attaque ennemie se déclancha. Sûre d'elle, du succès, elle avait adopté, comme la première fois, la formation en masses profondes, les mitrailleuses à l'arrière, les vétérans aux deux ailes, les conscrits au centre et à l'avant, ceux-ci avec des figures d'extatiques, ceux-là gorgés du souvenir de leurs anciennes victoires, tous communiant dans le même idéal patriotique, cadençant le pas et chantant leurs hymnes au Dieu national (1). C'étaient des jeunes gens pour la plupart, presque des enfants (2). Dans les tranchées plus tard, quand les fusiliers tomberont sur eux, ils se jetteront à genoux, joindront les mains et demanderont grâce en pleurant. Mais ici, dans l'ivresse de la mêlée, coude à coude sur seize rangs d'épais-

(1) Cf. relations diverses, et notamment commandant de Civrieux (*République française* du 10 février.)

(2) Voyez la lettre de la page 375. Cf. aussi ce passage de la lettre du fusilier F. A..., d'Audierne : « Nous avons fait des prisonniers tout jeunes, d'à peine seize ans et qui s'étaient engagés soi-disant pour faire la police à Paris. Voyez comme ces gosses sont trompés ! » D'un autre, le fusilier C..., du Palais : « Trois jeunots d'Allemands, d'environ seize ans, se trouvaient à trois ou quatre mètres de moi... »

seur (1), ils n'ont plus qu'une grande âme
collective et farouche; ils avancent d'un
mouvement rythmique, à peine onduleux,
quand la mitraille les bat, vrais fils de ces
autres barbares qui se liaient de chaines
pour ne faire qu'un bloc dans la mort ou
dans la victoire. Une odeur d'alcool, d'éther
et de meurtre les précédait, comme l'haleine
de cette machine sanglante. Nos hommes
les laissèrent approcher à moins de cent
mètres : aux cris de *Vorwaerts* (En avant!),
partis des rangs ennemis, répondirent brusquement chez nous les ordres : « Feu à
volonté! Feu à répétition! » jetés par les
officiers et les premiers maîtres. Derrière
leurs créneaux, dans le bourdonnement des
balles et l'éclatement des shrapnells, les
fusiliers ne perdaient pas un de leurs coups.
Nos mitrailleuses se mettaient de la partie.

(1) Vingt rangs, selon d'autres; en colonnes par
huit, suivant une troisième version.

« On va t'en moudre ! » hurlaient les pointeurs, gagnés à leur tour par l'ivresse contagieuse de la bataille. Les Allemands avançaient toujours, mais leurs masses n'étaient plus aussi profondes ; la machine disloquée ne jouait plus que faiblement. Elle vint râler son dernier effort au pied des tranchées, dans les réseaux de fil de fer barbelé où chaviraient les survivants. A huit heures du soir, trois coups de sifflet, stridents comme une sirène d'usine, mettaient fin au travail de ce monstrueux organisme.

Depuis six heures on se battait dans la nuit. Une fois de plus, nous étions vainqueurs, mais à quel prix ! Dixmude, que l'artillerie lourde de l'ennemi n'avait cessé de bombarder durant l'attaque, n'est pas encore « le tas de cailloux et de cendre », l'alignement de pierres noircies qu'elle sera plus tard ; mais déjà son agonie a commencé. On ne compte pas les maisons éven-

trées. Tout un quartier brûle autour de
l'église. Si forte qu'elle soit, la pluie n'é-
teindra pas ces incendies attisés par la
déflagration des obus à pétrole. Un projec-
tile, à l'heure de l'angélus, est venu frapper le clocher de Saint-Nicolas : le bourdon,
atteint en plein corps, a poussé une sorte de
râle dont les vibrations se sont longuement
propagées dans l'espace. « Pauvre Dixmude ! écrit un marin, c'est ton glas qui
sonne. » Heureusement, la population n'est
plus là. Le bourgmestre a donné le signal
de l'exode, et tous lui ont obéi, la mort
dans l'âme, à l'exception des Carmélites et
d'une douzaine de traînards ou d'entêtés
comme ce vieux bedeau dont nous parle
M. T'Sertevens, qui habitait sur la Grand'-
Place une vieille petite maison à ogives et à
fenêtres grillées et qui, la pipe à la bouche,
vous apportait les clefs de l'église : il jar-
gonnait le flamand rude de la côte, il était

L'ÉGLISE PAROISSIALE APRÈS LES PREMIERS JOURS

tanné par le vent marin. « L'église, la maison, la place, le bonhomme, s'accordaient, traduisaient l'âme unique de la mère Flandre », et tout cela devait s'abîmer en même temps, le bonhomme n'ayant pu se désencastrer de son logis « dont il semblait une pierre plus vivante ».

Par précaution, malgré la retraite de l'ennemi, les quatre compagnies de fusiliers avaient été laissées à leur poste de combat. Dans la nuit, en effet, des fusillades intermittentes, au nord de l'Yser, purent faire croire à une reprise d'offensive. La seule attaque un peu sérieuse se produisit à trois heures du matin, mais « nous n'eûmes pas de peine à la repousser, note le fusilier R..., car, dans nos tranchées couvertes, nous sommes inexpugnables ». Déçu, l'ennemi se retourna vers la ville qu'il recommença au petit jour à bombarder. Par hasard, le temps s'était nettoyé, « débouché », disent les

marins : le *schoore* souriait ; l'alouette chan-
tait ; lasses de meugler après l'étable ou
déjà résignées à leur vie d'abandon, des
vaches ruminaient au soleil (1), et l'inter-
minable file des canaux, les flaques argen-
tées des *watergands* luisaient doucement sur
le velours brun du palus. Le ciel, lui,
comme chez le Psalmiste, s'armait de tonnerre et d'éclairs. Le bombardement devint
particulièrement intense dans l'après-midi.
« Par moments, la ville s'effondrait, écrit
un officier. Les Allemands avaient d'abord
amené contre elle du 10 centimètres, puis
du 15 centimètres, puis du 21 centimètres,
puis, comme cela ne suffisait pas, pour
avoir raison de ces satanés marins, on finit
par leur servir le grand jeu : 305 et 420 (2). »

(1) « On voit les animaux courir partout sur les routes,
dans les champs, personne ne s'occupe d'eux. » (Lettre
du fusilier E. T...). Voyez aussi, plus loin, de Nanteuil.
(2) Cf. Docteur CARADEC, *op. cit.*

Nos compagnies de réserve dans Dixmude ne laissaient pas d'être fortement éprouvées par ce feu terrible, malaisé à repérer et plus malaisé encore à éteindre avec des canons fourbus. Pour ajouter au désarroi de la situation, nous apprenons tout à coup que l'ennémi, à quatre heures, s'est emparé d'une tranchée des lisières extérieures, au sud de la ville. Surprise par une attaque en force, la section belge qui l'occupait, après une belle résistance, « quelques belles secousses », dira pittoresquement un marin, a cédé, entraînant la débandade de la section de fusiliers en soutien derrière elle. Seul le lieutenant de vaisseau Cayrol est resté à son poste, revolver au poing, pour permettre à ses hommes d'emporter les mitrailleuses (1). Trois compagnies se

(1) La note qui me fournit ce renseignement sur l'héroïque conduite du lieutenant Cayrol ajoute : « Reçoit une balle en plein front. Rapporté par ses

glissent immédiatement vers les tranchées compromises, après que nos canons en ont un peu nettoyé les abords.

« Nous voilà en tirailleurs, écrit un des acteurs de cette scène, et, pendant que les Boches essaient de se reformer, avant qu'ils soient revenus de leur surprise, à cinquante mètres, feu de salve, puis à la baïonnette. Il fallait les voir courir comme des lièvres, jetant les armes et tout leur fourniment. Ah ! alors quelle razzia ! Cinq à six cents morts et blessés et quarante prisonniers, dont trois officiers. Nous réoccupons les tranchées, et je reste toute la nuit en tête à tête avec un Belge mort et un Boche blessé, qui ne se réveille que pour crier : « Vive France !... » de peur qu'on ne l'embroche.

hommes au poste de secours où il nous rend compte de l'événement et de la bravoure de ses hommes. Ne se laisse évacuer qu'après avoir reçu l'assurance que ses mitrailleuses sont sauvées. — Revenu au front. »

Quand le jour est venu et que nous avons vu notre ouvrage... (Ici un arrêt : un obus éclate au-dessus de ma tête, casse un fusil et me jette une poignée de terre dans la figure. Léger désagrément. Je continue.)... c'était du joli. Toute la journée, les brancardiers ont ramassé des morts et des blessés, pendant que nous tirions de temps en temps des coups de fusil. Tous les blessés ramassés sont des jeunes : seize à vingt ans, de la dernière levée (1). »

La nuit suivante, même aventure, sauf que, cette fois, ce sont les tranchées du nord qui ont « molli ». Comme toujours, c'est aux marins de les reprendre. Faute d'éléments disponibles, on y envoie deux compagnies du 2ᵉ régiment qui étaient prévues pour la relève : elles rétablissent les affaires en quelques coups de baïonnette.

(1) Lettre du fusilier X..., citée par *l'Éclair*.

« Vous croyez qu'après cette danse-là on avait droit à un tour de buffet? écrit un deuxième maître de manœuvre. Ouiche! Ma compagnie était prévue pour la relève : elle va prendre la relève. Dire qu'on n'est pas un peu esquinté, ce serait mentir; mais enfin, on tient tout de même; on se compte : il en manque à l'appel qui ne reverront plus leur maman... Si encore on pouvait se secouer un peu pour se dégourdir les pattes!... Mais on est tassé dans la boue comme des sardines dans leur huile. Et, au matin, voilà le charivari qui recommence : quelques shrapnells d'abord, puis, de midi à une heure, une vraie trombe d'obus de tous les calibres. En font-ils un gaspillage de munitions, les brigands (1)!... »

Cette défense de l'Yser, c'est, suivant l'expression du docteur L..., « une éternelle

____

(1) Lettre du deuxième maître de manœuvre A...

toile de Pénélope » : à peine raccordé, le tissu craque sur un autre point. On sent que la pression allemande, grâce aux renforts qui lui arrivent de tous côtés, se fait chaque jour plus violente. Impuissant sur le flanc de la défense, où l'énergique attitude de nos marins lui donne l'illusion qu'il se heurte à des forces supérieures, l'ennemi insiste sur son centre, qu'il réussit à enfoncer le 22 octobre (1), occupant Tervaete et prenant pied « pour la première fois sur la rive gauche de l'Yser (2) ». La 1re division belge, re-

(1) Le carnet de l'enseigne Gautier porte à cette date du 22 : « Toujours la canonnade. Une de nos voitures en miettes. » C'est la veille que doit se placer l'incident, le même évidemment que rapporte l'enseigne X... à la date du 21 : « Marmitage intense, pas mal de casse. De Monts et Demarquay, lieut. de v., blessés. Église incendiée. Dans l'après-midi un avion allemand repère un convoi important (vivres, ambulances, munitions, etc.) sur la route de Caeskerke à Oudecappelle. Convoi bombardé. »

(2) *Courrier de l'armée belge.* La pression, dit cet

foulée, mais non rompue, nous fait savoir
qu'elle contre-attaquera le lendemain, appuyée par notre artillerie. Nous lui enver-
rions bien, en outre, un ou deux de nos
bataillons de réserve. Mais, le lendemain,
Dixmude et nos tranchées extérieures sont
soumises à un tel bombardement que nous
n'avons pas trop de toutes nos forces pour
résister. Les Allemands utilisent évidemment les plus gros calibres, de 21 et peut-
être de 28. Leur infanterie, malgré tout, ne
peut entamer nos tranchées. Nous faisons
quelques pertes, tant en tués qu'en bles-

officiel, était très forte depuis le 20. Ce jour-là, « une
furieuse canonnade de pièces de tous calibres » avait
été « dirigée contre les lignes belges. Une ferme
comprise dans le front de la 2ᵉ division fut prise
par les Allemands, reprise par les Belges et reper-
due à nouveau... » Le 21, une attaque allemande
sur Schoorbakke, combinée avec l'attaque sur Dix-.
mude, échoua complètement. « Mais les Belges s'épuisaient... »

sés (1), dont le commandant Delage, « colonel » du 1ᵉʳ régiment, qui, une fois pansé, ne voudra pas rester à l'ambulance et reprendra son commandement avant d'être guéri. Mais, à Tervaete, les choses n'ont pas aussi bien tourné pour nos alliés : si, après l'échec d'une première tentative, une seconde contre-attaque, plus vigoureusement menée, est parvenue « à rejeter les Allemands dans la rivière ou sur l'autre rive », c'est là, reconnaît le *Courrier de l'armée belge,* un « succès passager, car, le soir, des renforts allemands reprirent l'attaque et emportèrent Tervaete ». Notre artillerie avait fait de son mieux en la circonstance ; mais, couverte par le tintamarre des grosses pièces allemandes, elle n'était pas de taille à soutenir longtemps la conversation. « Nous

(1) « Payer tué ; Pollès blessé. Violente attaque de nuit. » (Carnet de route de l'enseigne Gautier à la date du 23.)

n'avons toujours à notre disposition que les petits canons belges, écrivait le matin du 22 l'enseigne M... Pourtant on nous annonce deux batteries de 155 court et deux de 120 long. » Elles arrivèrent dans la soirée. « A la bonne heure ! Maintenant peut-être va-t-on pouvoir causer avec les Boches. »

Mais déjà n'est-il pas trop tard ? Dixmude n'est inexpugnable qu'autant qu'on ne peut la prendre à revers. Et l'ennemi, qui a fini par occuper toute la boucle de Tervaete, s'infiltre d'heure en heure dans la vallée de l'Yser. En dernier lieu, on le signale à Stuyvekenskerke. La 42ᵉ division d'infanterie française (général Grossetti), qui doit remplacer sur l'Yser la 2ᵉ division belge, aux trois quarts démolie, n'a pas encore eu le temps d'entrer en ligne. A Dixmude même, la pression est formidable ; les obus pleuvent sur nous de tous les côtés, de

Wladsloo, d'Eessen, de Clercken, où les Allemands ont transporté leur artillerie lourde. En même temps, avec l'obstination d'un bélier qui donne du front contre l'obstacle, l'infanterie ennemie, à intervalles réguliers d'une heure, prononce contre nos tranchées des attaques toujours précédées de quelques obus de gros calibre. On dirait qu'elle veut retenir notre attention, nous empêcher de remarquer ce qui se passe là-bas, dans la dépression de l'Yser, où moutonne une houle grise et dont le *schoore* semble en marche vers Oud-Stuyvekenskerke. Mais le mouvement n'échappe pas à l'amiral, qui l'observe de Caeskerke. D'où viennent ces troupes? De Tervaete, de Stuyvekenskerke ou d'ailleurs? Nous l'ignorons et peu importe. Qu'une brèche ou une autre ait été ouverte dans la défense du moyen Yser, l'infiltration allemande a gagné jusqu'à nous : Dixmude est tournée!

Dans la situation la plus critique où se soit encore trouvée la brigade, l'amiral ne dispose que de sa réserve générale et des réserves des secteurs : pour barrer l'accès des ponts de Dixmude, le commandant Rabot, avec un bataillon, court étayer l'aile gauche du front; le commandant Jeanniot, avec un autre bataillon, se glisse vers Oud-Stuyvekenskerke, où il a pour instruction de s'établir « coûte que coûte ». Manœuvre singulièrement difficile à exécuter, sous un feu qui nous prenait de plein fouet et avec des hommes déjà brisés de fatigue, crevant de froid et de sommeil. Mais ces hommes étaient des marins.

« Le 24 octobre, écrit le fusilier F..., de l'île de Sein, on venait de passer la journée et la nuit en première ligne. Cette nuit-là, on avait eu deux hommes de tués dans la tranchée et quatre de blessés par un obus, et l'on allait à l'arrière pour avoir un repos bien gagné. A peine le jus avalé, branle-bas, comme on dit à bord, et sac au dos... On marchait dans les fossés, et les obus tombaient devant nous. Arrivés plus près, les balles commencent à siffler; on avance à quatre pattes sur un terrain découvert, et rien pour s'abriter. Si on levait la tête, on avait tout de suite des blessés. Nous autres, on ne voyait pas les Boches. On a été au moins trois quarts d'heure à marcher comme ça. On était si habitué d'entendre les balles passer à côté de l'oreille qu'on n'avait pas peur et qu'on marchait toujours... »

Ce jour-là pourtant, notre brave mathurin n'alla pas plus avant : au fort de la rafale, une balle lui cassa la jambe et l'envoya rouler dans une mare. Mais, comme il était Breton et qu'il avait en grand respect Madame sainte Anne du Porzic, il fit vœu, s'il s'en tirait sans autre méchef, de lui offrir, pour le jour de son pardon, un bel

ex-voto de marbre blanc, « et gravé dessus :
« Merci, sainte Anne, de m'avoir préservé. »

Tous n'avaient point cette chance autour
de lui et, à la fin de la journée, la plupart
des officiers des éléments engagés, notamment des 2ᵉ et 3ᵉ bataillons du 1ᵉʳ régiment,
étaient hors de combat. Mais Oud-Stuyvekenskerke nous appartenait : le commandant Jeanniot avait réussi, avec le commandant Rabot, à « constituer, comme le
portaient les instructions de l'amiral, un
front de défense face au nord » qui défiait
les attaques de l'ennemi. Si fortes qu'eussent
été nos pertes (1), elles n'étaient rien, d'ail-

(1) « De 3 à 4 heures, note à la date du 24 l'enseigne Gautier, violente attaque. Bombardement, secousses de la tranchée... Deux compagnies du 1ᵉʳ régiment presque anéanties; deux hommes de Gamas
étouffés par un éboulement provoqué par un obus de
gros calibre... Les Allemands, 6 ou 7 000, — il dira
ailleurs 5 000, — ont passé l'Yser au [signe illisible.
Sans doute ici le nom d'un pont sur l'Yser entre

leurs, à côté des pertes allemandes. Sur le carnet d'un officier du 202⁰ d'infanterie, tué le lendemain à Oud-Stuyvekenskerke, on pouvait lire ces lignes désenchantées :

« Partout nous perdons du monde, et nos pertes sont hors de proportion avec les résultats obtenus... Nos canons n'arrivent pas à réduire les batteries ennemies au silence ; les attaques de notre infanterie sont sans effet ; elles ne mènent qu'à des boucheries inutiles. Nos pertes doivent être énormes. Mon colonel, mon major et beaucoup d'autres officiers sont morts ou blessés. Tous nos régiments sont enchevêtrés les uns dans les autres : le feu impitoyable

Dixmude et Tervaete] » — « Ce jour furent mortellement blessés [entre beaucoup d'autres] les enseignes Sérieyx (neveu du lieutenant de vaisseau) et Carrelet. Il s'agissait, en liaison avec de l'infanterie française, de repousser 2 ou 3 000 Allemands qui, grâce à la négligence..., avaient réussi à franchir un pont au-dessous de Dixmude. » (*Corresp. part.*)

de l'ennemi nous prend en enfilade. Il a beaucoup de francs-tireurs avec lui... »

Des francs-tireurs ! On sait ce que les Allemands entendent par ce mot, qui désigne tout simplement des tireurs exercés (1). Le lendemain, dès la brume levée, la bataille reprenait sur toute la ligne : bombardement de la ville, des tranchées extérieures, des tranchées de l'Yser, de la gare de Caeskerke surtout, où se tenait l'amiral, qui dut se résigner à porter ailleurs son poste de commandement, sans y trouver plus de sécurité. L'ennemi avait des intelligences dans Dixmude même : « Les maisons des états-majors étaient exactement repérées au fur

______

(1) R. Kimley (*op. cit.*), d'après le lieutenant de vaisseau Hébert, nous propose une autre explication, plus acceptable peut-être : « Vêtus d'une capote bleu foncé et le chef orné d'un béret à pompon rouge, ils [les marins] semblèrent étranges aux Allemands, qui les prirent pour des francs-tireurs. La terreur qu'ils inspiraient en grandit d'autant. »

et à mesure de leur déplacement, écrit un officier (1). Et chaque midi, au moment du repas, nous étions encadrés de quatre marmites. Une batterie lourde était à peine en position depuis cinq minutes que la position devenait intenable : à cent mètres derrière, un homme, dans un arbre, faisait tranquillement des signaux. »

Au nord seulement, une certaine détente s'observait dans la pression ennemie : renonçant à tourner Dixmude par Oud-Stuyvekenskerke, les Allemands semblaient vouloir s'engager sur Pervyse et Ramscappelle, dont ne les séparait plus que le remblai de la voie ferrée de Nieuport. La division Grossetti essayait de lui barrer le passage avec ce qui restait des divisions belges et nous faisait relever à Oud-Stuyvekenskerke par un bataillon du 19e chas-

(1) *Corresp. part.*

seurs. Le commandant Jeanniot rentra aussitôt dans les tranchées de réserve du secteur : ses hommes n'en pouvaient plus ; les compagnies, qui occupaient les tranchées extérieures de la défense et qui n'avaient pas été relevées depuis quatre jours, n'étaient pas moins épuisées. Sur le front de Dixmude, le feu ennemi n'arrêtait pas : la ville tanguait à chaque décharge ; l'ébranlement était tel que les pavés se déchaussaient ; toutes les vitres avaient sauté ; continuellement, dans une gerbe de gravats, des maisons s'aplatissaient et, après chaque explosion, d'immenses volutes de fumée noire tourbillonnaient jusqu'à 100 mètres de hauteur au dessus des puits creusés par les obus. « Dans la nuit du dimanche 25, note le fusilier R..., étant de service auprès du commandant du 3ᵉ bataillon Mauros, nous avons dû évacuer à trois reprises différentes les maisons qui nous abritaient et

ui s'effondraient sur nous (1). » Dixmude
 tombe petit à petit en miettes », écrit le
ndemain le lieutenant de vaisseau S... Dès
e 21 octobre, les Carmélites étaient par-
es : leur communauté, où les aumôniers
e la brigade (2) continuaient impertur-

(1) « Formidable bombardement. Ébranlement des
anchées. » (Carnet de route de l'enseigne Gautier à
 date du 25.) Et à la date du 27 : « Compté avant-
ier 53 obus de gros calibre tombés autour de nous en
ne heure et demie. »
(2) L'abbé Le Helloco et l'abbé Pouchard. « Bottés,
 soutane retroussée, un bonnet de police à trois
lons remplaçant l'ancien castor, qui diantre, nous
rit-on, s'aviserait de reconnaître en eux des ecclé-
astiques? » Nous avons parlé à plusieurs reprises de
abbé Le Helloco, homme de grande intelligence et
une abnégation poussée, suivant le mot de saint Augus-
n, *usque ad contemptum sui*. On trouvera plus loin,
l'*Appendice*, les lignes élogieuses que lui consacre
Officiel. De l'abbé Pouchard un témoin nous écrit :
Il donne ses soins aux âmes et aux corps, n'oubliant
ıe lui-même, ne tenant compte ni des privations,
 du danger permanent. » Comme les promotions de
ixmude figurent seules à l'*Appendice*, nous repro-

bablement à célébrer l'office, avait reçu cinq
« marmites » dans la journée. Le beffroi
tenait bon, mais il avait perdu deux de ses
échauguettes et, au premier étage, la mi-
gnonne façade ogivale de l'hôtel de ville
montrait un grand trou, comme une dentelle
crevée par le poing d'un goujat (1). L'ennemi n'épargnait même pas nos ambulances : « une chapelle, en pleine ville, où
était la Croix-Rouge [l'hospice Saint-Jean],
a été bombardée d'un bout à l'autre,
constate le fusilier F. A..., d'Audierne ;
les églises environnantes, des clochers,

duisons le texte de la citation à l'ordre de l'armée dont
l'abbé Pouchard a été l'objet le 1er février 1915 :
« Pouchard (J.-M.-J.), aumônier militaire. Resté seul
aumônier de la brigade, a toujours montré le plus
grand courage et le plus grand dévouement à secourir
les blessés jusque sous le feu de l'ennemi. »

(1) Une seule « marmite », le 21, avait fait à l'intérieur 43 victimes : 17 tués et 26 blessés plus ou
moins grièvement.

(Newspaper Illustrations.)

L'HOTEL DE VILLE ET LE BEFFROI APRÈS LES PREMIERS JOURS DU BOMBARDEMENT

il n'en reste pas un seul debout (1) ».

Le pis est que nos effectifs, très éprouvés dans les dernières rencontres, ne suffisaient plus aux besoins de la défense. On devait à tout instant faire appel aux dépôts. Les grandes pluies avaient commencé, noyant les tranchées : sans la grosse capote de « biffin » que leur avait imposée la prévoyance administrative, les hommes fussent morts de froid : beaucoup, qui, par insouciance ou dans la précipitation du départ, avaient laissé leurs sacs à Saint-Denis, montaient leurs grelottantes factions en tricot de coton, les pieds nus dans des brodequins éculés; toutes leurs lettres sont pleines de malédictions contre cette eau impitoyable qui les transissait, diluait l'ar-

(1) « Il n'y a plus aucune église intacte dans le doyenné, déclarait le 28 février M. l'abbé Vanryckeghem, vicaire de Dixmude. Près de quarante églises, de Nieuport vers Ypres, sont détruites. »

gile et les bloquait dans une carapace de
boue.

C'est d'elle pourtant qu'allait leur venir
le salut.

VIII

L'INONDATION

Un nouvel acteur entrait en scène, un nouvel allié, plus lent, mais singulièrement plus efficace que les meilleures troupes de renfort.

Au mois de novembre dernier, le *Moniteur belge* publiait un arrêté royal nommant au grade de chevalier de l'Ordre de Léopold, « pour sa coopération courageuse et dévouée aux travaux d'inondation dans la région de l'Yser, M. Kogge (Charles-Louis), garde-wateringue du nord de Furnes ».

Est-ce, comme on l'a dit, ce M. Kogge qui, le premier, eut l'idée d'appeler l'eau à notre aide? Ou, comme le veut une version plus romanesque, cette idée fut-elle

9

suggérée aux bureaux de l'état-major par la découverte, singulièrement opportune, d'une liasse de vieilles cédules révolutionnaires, dossier de l'action reconventionnelle intentée en 1795 par un fermier flamand à son propriétaire « en dédommagement des pertes que lui avait fait subir l'inondation de ses terres durant la défense de Nieuport? » Toujours est-il que, dans la soirée du 25 octobre, le grand quartier général belge prévenait l'amiral qu'il venait de « prendre toutes mesures nécessaires pour inonder la rive gauche de l'Yser entre ce fleuve et la chaussée du chemin de fer de Dixmude à Nieuport ».

Les effets de cette inondation ne pouvaient néanmoins se faire sentir dès les premiers jours, ni même dès les suivants. Le mot d'inondation évoque ordinairement à l'esprit l'image d'une torrentielle poussée des eaux, d'une grande charge de cavalerie marine ou fluviale qui balaie tout sur son passage. Rien de pareil ici. Nous sommes en Belgique occidentale, dans un pays invertébré, sans relief d'aucune sorte, où tout procède lentement, flegmatiquement, les cataclysmes compris. Il est regrettable peut-être que la langue n'ait pas un autre mot pour désigner l'opération hydrographique à laquelle nous allions assister : à défaut du substantif, elle possède du moins un verbe qui a surpris, comme un néologisme, la plupart des lecteurs de communiqués, mais qui, en réalité, s'est employé de tout temps dans les Flandres et qui a l'avantage de rendre admirablement la nature de l'opération. C'est le verbe *tendre*. On tend une inondation là-bas, comme on tend un filet. Pas d'image plus exacte. Le tendeur, en l'espèce, est aux écluses de Nieuport. C'est un chef-wateringue qui a sous ses ordres une douzaine d'hommes armés de leviers pour la manœuvre des crics. A l'heure du flot, il fait lever les vannes des écluses : la mer entre, forçant les eaux douces du canal et de ses tributaires à refluer; et la mer ne redescend pas : les vannes ont été abaissées. Désormais les eaux douces, qui accourent de partout dans le bassin de l'Yser, n'auront plus d'écoulement; elles ajouteront lentement, inlassablement, leur apport à celui de la marée; peu à peu elles déborderont les digues des canaux collecteurs, gagneront les *watergands*, prendront tout le *schoore* dans leurs mailles. C'est une montée sournoise, muette, sans arrêt, sur un sol déjà imbibé, gonflé comme une éponge et incapable d'absorber une goutte d'eau de plus. Tout ce qui tombera là, qu'il vienne du ciel sous forme de pluie ou des collines de Cassel sous forme de torrents, demeurera en surface. Nul moyen d'arrêter l'inondation, tant que les vannes ne sont pas

levées. Qui tient Nieuport, tient par ses
écluses tout le pays. Ainsi s'explique l'insistance, heureusement tardive, que met-
tront les Allemands à essayer de s'en emparer : par les dunes de Lombaertzide et de
Middelkerke, ils tenteront une surprise, qui
réussirait peut-être sans la coopération que
prêtera tout à point aux forces belges la
flotte anglo-française; sous le feu des moni-
tors, l'attaque allemande devra reculer et
ne parviendra pas à mettre la main sur le
jeu d'écluses de Nieuport. L'inondation
continuera. Quand ses dernières mailles
seront nouées, toute la trame ourdie, elle
s'étendra en demi-cercle sur une zone de
30 kilomètres, et cette immense lagune
artificielle, large de 4 à 5 kilomètres, pro-
fonde de trois à quatre pieds, où des escadrons et des batteries légères pourraient
donc à la rigueur s'engager, si les brusques
dépressions des *watergands* et des canaux

collecteurs n'y ouvraient à chaque pas des trappes invisibles, constituera le plus imprenable des fronts de défense, un barrage liquide défiant toutes les attaques. Dixmude, à l'extrémité de cette lagune, dans le cul-de-sac que forment là l'Yser, le canal de Handzaeme et le remblai de la voie ferrée, pourra être comparée justement à Quiberon : ce sera, comme lui, ses ponts coupés, une sorte de mince et basse presqu'île, mais un Quiberon flamand à l'ancre sur une mer immobile, sans vagues, sans flux ni reflux, piquée de têtes d'arbres, de toits de fermes noyées, et promenant sur ses eaux mortes, au fil d'une insensible dérive, des cadavres ballonnés de soldats et d'animaux, des casques à pointe, des culots de cartouches et des boîtes de conserves vides...

IX

L'ASSASSINAT DU COMMANDANT JEANNIOT

Pour le moment, à la date du 25 octobre, l'inondation ne nous prête aucun appui. Et, quand nos troupes auraient tant besoin de se reposer, l'ennemi, sur tout leur front, resserre son étreinte. De nouveaux renforts viennent boucher ses vides; nos éclaireurs nous signalent des corps de troupes fraîches qui descendent sur Dixmude par les trois routes d'Eessen, de Beerst et de Woumen (1). Il faut s'attendre

(1) « Allemands de l'active venant du côté de Reims. Les Boches auxquels on avait eu affaire jusque-là étaient des volontaires ou des réservistes. » (Carnet de l'enseigne X...)

à un « grand coup » pour demain, sinon pour cette nuit même. Ce sera pour cette nuit.

Vers sept heures du soir, la compagnie Gamas allait prendre la relève des tranchées du sud. En route, presque à la sortie de la ville, elle se heurte à une troupe allemande d'égale force qui s'est glissée là on ne sait comme. Fusillade, mêlée générale, où nos marins, à coups de crosse et de baïonnette, s'ouvrent un passage dans la bande, démolissent une cinquantaine d'Allemands et mettent les autres en fuite (1). Puis une accalmie. Il pleut. C'est le seul bruit qu'on entende jusqu'à deux heures du matin, où brusquement une nouvelle mousqueterie crépite près de la gare de

______

(1) Non sans pertes aussi de notre côté. « Vu Gamas qui a eu cette nuit 14 tués, dont son officier des équipages Dodu. » (Carnet de route de l'enseigne Gautier.)

Caeskerke, à l'intérieur même de la défense. Nos hommes ou nos alliés, énervés par cette vie d'alertes continuelles, ont-ils cédé à quelque mouvement irréfléchi? Au témoignage des plus braves, les hallucinations sont fréquentes la nuit, dans les tranchées; tous les pièges de l'ombre se dressent devant l'esprit; la circulation du sang dans les artères fait le bruit d'une troupe en marche; il suffit d'une sentinelle impressionnable qui lâche au hasard son coup de fusil pour que toute la section lui fasse écho (1).

Convaincu qu'il s'agit d'une méprise de ce genre, l'état-major, dont le poste est encore à la gare de Caeskerke, crie aux sections de cesser le feu. Cependant, comme la fusillade continue dans la direction de la ville, l'amiral détache en reconnaissance un

(1) Cf. Charles Tardieu, *Impressions d'un caporal.*

de ses officiers, le lieutenant de vaisseau Durand-Gasselin, qui pousse jusqu'à l'Yser sans trouver d'ennemi. La fusillade s'est tue ; partout les voies sont libres ; le lieutenant Durand-Gasselin retourne vers Caeskerke. En route, il avise une voiture d'ambulance de la brigade qui remontait vers Dixmude et qui répond « Rouge-Croix » à son qui-vive. Un peu surpris de l'inversion, il arrête la voiture : elle était occupée par des Allemands, qui se rendirent d'ailleurs sans résistance. Mais cette capture a donné un nouveau tour aux réflexions de l'état-major : il ne fait plus de doute qu'un *raid* d'infanterie a été tenté sur la ville ; les Allemands de la voiture d'ambulance appartiennent vraisemblablement à la troupe d'assaillants mystérieux qui s'est jetée dans la nuit sur Dixmude et qui s'est non moins mystérieusement évanouie après ce singulier coup d'audace. Il faut bien qu'une de nos tranchées de couverture ait craqué mais laquelle? Ce sont nos alliés qui tiennent la voie du chemin de fer par où les Allemands ont pénétré dans la défense en sonnant la charge... L'énigme est inquiétante; mais, par cette nuit poisseuse, qui prête sa complicité à l'ennemi, il ne sert pas d'en chercher le mot : on ne l'aura que le matin, au petit jour, quand un de nos détachements, en surveillance sur l'Yser, apercevra tout à coup, dans une prairie, un bizarre ramassis de Belges, de fusiliers marins et d'Allemands. Nos hommes ont-ils été faits prisonniers? Ou sont-ce eux qui ramènent les Allemands? L'incertitude dure peu. Une brève mousqueterie : les marins tombent; la bande s'égaille. Voici ce qui s'était passé.

A la vérité, des versions assez différentes ont été données de l'incident, un des plus dramatiques de la défense et au cours du-

quel, avec quelques autres, tombèrent mortellement frappés l'héroïque commandant
Jeanniot et le docteur Duguet, médecin
principal du corps de santé (1). De l'avis
général cependant, l'attaque allemande qui
se produisit à deux heures et demie du matin est en étroite dépendance avec le mouvement de surprise tenté à sept heures du
soir sur la route d'Eessen et que déjoua si
heureusement l'intervention de la compagnie Gamas ; il n'est même pas impossible
qu'elle ait été menée par les débris de la
troupe que nous avions culbutée, renfor-.

(1) « Homme de devoir et d'une haute compétence professionnelle, le dévouement et l'abnégation
mêmes », m'écrit du docteur Duguet un correspondant. On ne saurait dire assez, du reste, combien le
corps de santé de la brigade, depuis son chef, le docteur Seguin, jusqu'aux derniers des médecins de
3ᵉ classe, sortis la veille de l'École de Bordeaux, montra d'admirables qualités au cours de la campagne. Le
corps de santé fut aussi éprouvé que celui des officiers.

cés d'éléments nouveaux et chargeant au son rauque des bugles. Ainsi s'expliquerait qu'un intervalle de plusieurs heures ait séparé les deux attaques, qui procédaient en tout état de cause d'une inspiration identique.

« La nuit se poursuivant d'une façon normale et semblant ne plus devoir être troublée par aucun incident, raconte un témoin (1), le docteur Duguet en avait profité pour aller prendre un peu de repos dans la maison qu'il habitait et qu'une largeur de rue séparait de son ambulance. L'abbé Le Helloco, aumônier du 2ᵉ régiment, l'y avait rejoint vers une heure et demie du matin. Celui-ci confesse qu'il était bien un peu inquiet, en raison de l'échauffourée précédente, où il s'était prodigué, selon son habitude, au chevet de nos blessés. Après

(1) *Corresp. part.*

quelques minutes d'entretien, les deux hommes se séparèrent pour gagner leurs couchettes de paille. L'abbé dormait depuis une heure ou deux, quand des coups de feu tirés à proximité l'éveillèrent en sursaut. Il se secoua et rejoignit le docteur Duguet qui était déjà debout. Les deux hommes n'échangèrent aucune parole. Du même mouvement, sans prendre la précaution d'éteindre les lumières derrière eux, ils se jetèrent au dehors. Ils faisaient cible dans le cadre de la porte : une décharge les coucha sur le seuil. Le docteur Duguet avait été frappé d'une balle au ventre; l'abbé Le Helloco était atteint à la tête, au bras et au rein droits. Les deux corps se touchaient. « Monsieur l'abbé, murmura « le docteur Duguet, nous sommes per- « dus. Donnez-moi l'absolution... Je re- « grette... » L'abbé trouva la force de lever son bras alourdi et de tracer sur le mourant le signe du pardon. Puis il s'évanouit, et ce fut son salut. Ni lui, ni le docteur Duguet ne comprirent sur le moment ce qui s'était passé. D'où sortait la troupe de forbans qui venait de les abattre? Et comment avait-elle réussi à se faufiler entre nos lignes sans être vue? Mystère. Cette fusillade éclatant dans leur dos avait causé un certain désarroi dans les sections les plus rapprochées qui s'étaient crues prises à revers et qui l'eussent été en effet, si l'attaque avait été soutenue. La bande arrivait devant l'ambulance au moment où le personnel (trois médecins belges, quelques matelots infirmiers et le quartier-maître Bonnet) s'empressait autour du docteur Duguet qui respirait encore. Elle fit prisonnier tout le paquet et l'entraîna dans sa ruée imbécile à travers la ville. Officiers et soldats devaient être ivres. On aurait peine à s'expliquer autrement une équipée aussi

folle ; nous tenions tous les abords de Dixmude ; le bref mouvement de panique qui
s'était produit dans certaines sections avait
été tout de suite enrayé. L'invraisemblance
d'une action nocturne à l'intérieur de la
défense était telle que le commandant Jeanniot, en réserve cette nuit-là et qui, réveillé
par la fusillade, comme le docteur Duguet et
l'abbé Le Helloco, était sorti de sa maison
pour armer son secteur, n'avait pas mis le
revolver en main. Se méprenant sur les intentions et les qualités des groupes qui
s'avançaient, il court à eux pour les arrai-
sonner et les reporter vers la tranchée. Ce
petit homme replet, grisonnant, aux manières rudes et simples, est adoré de nos
marins. Il n'y en a pas de plus brave. On le
sait, et lui-même connaît son ascendant sur
ses hommes. Quand il s'aperçoit de sa méprise, il est trop tard : les Allemands l'ont
saisi, désarmé et entraîné au milieu de

hoch! hoch! de satisfaction. La bande continue à foncer vers l'Yser, poussant devant elle quelques fuyards et réussissant en partie à franchir la rivière au milieu de la confusion qui s'ensuit. Heureusement, l'hésitation dure peu. A la clarté d'un projecteur, le capitaine de frégate Marcotte de Sainte-Marie, qui commande la garde du pont, identifie l'assaillant et fait immédiatement ouvrir le feu sur lui (1) : la plupart des Allemands qui se trouvent dans le rayon de nos mitrailleuses sont fauchés ; le reste se débande par les rues et court se cacher dans les décombres et les caves. Mais la tête de colonne avait passé l'eau avec ses prison-

(1) Il faudrait ajouter : sur l'ordre du commandant Varney, qui, prévenu par le docteur de Groote, avait pris immédiatement toutes les dispositions. Le carnet de l'enseigne X..., plus précis sur ce point, porte : « On avait réussi à placer des mitrailleuses de chaque côté du pont qui était un pont tournant et qui venait d'être ouvert par le commandant Varney. »

niers, qu'elle chassait à coups de crosse (1).
Pendant quatre heures, elle va tourner sur
place, perdue dans les ténèbres, en quête
d'une issue qui lui permette de rallier ses
lignes. Il pleut toujours. Las de patauger
dans la boue, les officiers s'arrêtent der-

(1) Il semble qu'il y ait encore ici quelque confusion dans le récit du « témoin ». On pourrait croire
que l'ambulance du docteur Duguet se trouvait en
ville et que les Allemands qui le tuèrent et blessèrent
l'abbé Le Helloco se portèrent ensuite vers le pont
avec leurs prisonniers. « En réalité, nous écrit-on,
l'affaire s'est passée entre le pont — qu'une tête de
colonne avait franchi par surprise en poussant devant
elle un flot de Belges, de marins et peut-être de pillards — et le passage à niveau proche de la gare de
Caeskerke où cette colonne fut enfin arrêtée. C'est
dans cette partie de la rue que se trouvait le poste de
secours du docteur Duguet ; c'est là aussi que le commandant Jeanniot, dont le poste de réserve était à
Caeskerke, vint à la rencontre des assaillants. Et
c'est dans les champs voisins de la berge sud de
l'Yser que se rabattit la colonne, entraînant ses prisonniers, lorsqu'elle eut trouvé la route barrée devant
elle. »

rière une haie pour tenir conseil. Une pâle lueur commence à percer la brume : c'est le petit jour et il n'est plus possible de songer à regagner en corps les lignes allemandes ; la prudence commande donc de s'égailler jusqu'au retour de la nuit. Mais que fera-t-on des prisonniers? La majorité opine pour leur exécution. Les médecins belges protestent. Très calme, le commandant Jeanniot, qui se désintéresse du débat, cause avec le quartier-maître Bonnet. Sur un signe de leur chef, les Boches mettent genou à terre et font feu sur les prisonniers : le commandant tombe et, comme il respire encore, on l'achève à coups de baïonnette. Il ne reste de vivant que les médecins belges, volontairement épargnés, et le quartier-maître Bonnet, qui n'a été touché qu'à l'épaule. C'est à ce moment que la bande fut aperçue. Une section chargeait aussitôt sur elle ; une autre se portait en arrière pour lui couper la retraite... Que se passa-t-il ensuite? D'aucuns prétendent que les officiers allemands surent ce qu'il en coûtait d'assassiner des prisonniers et que nos hommes éventrèrent ces chiens séance tenante ; mais la vérité est que, malgré la bonne envie qu'on avait de venger le commandant Jeanniot, on cueillit toute la bande (1) sans lui faire de mal

(1) Une lettre de l'enseigne Gautier — la dernière, datée du 28 octobre (il devait être tué le soir même) — contient un certain nombre de détails qui ne figurent pas dans la relation précédente et qu'on ne lira. pas sans intérêt : « ... Avant-hier soir... l'ennemi a réussi à passer un pont au nombre d'environ 150. Le reste a été arrêté par des marins ralliés et des mitrailleuses. Les 150 passés ont parcouru la route. Entendant du bruit, le médecin à quatre galons [Duguet], l'abbé [Le Helloco] et Bonneau [enseigne de vaisseau] ouvrent la porte. Bonneau n'a rien par miracle ; le médecin est mort, l'abbé agonise. Les 150 se sont défilés en arrière. On prévient toute la ligne et on se garde en arrière. A sept heures, alerte. Je laisse mes mitrailleuses face à l'est et, avec mes 14 pourvoyeurs,

et qu'on l'emmena à l'amiral qui fit exécuter seulement trois des coquins les plus compromis. »

je vais à l'ouest. Quelques feux. Des Allemands tombent. Le reste se rend. Je vais aux prisonniers. Un marin me dit : « Avez-vous vu le sabre du comman- « dant ? — Quel commandant ? — Le commandant fran- « çais qu'ils ont tué ! » Je vais à 50 mètres de là et je trouve le pauvre commandant Jeanniot tué. Les Allemands l'avaient rencontré seul sur la route, fait prisonnier avec, ensuite, quatre marins. Ils l'ont fait marcher devant eux toute la nuit et l'ont tué quand ils ont été surpris, le matin, ainsi que trois des marins. Le quatrième a pu se sauver et raconter le fait. Nous avons fait 30 prisonniers, dont 3 officiers, que l'amiral a fait fusiller sur-le-champ... Je t'assure qu'en ce moment on ne se laisse pas attendrir facilement : j'ai presque pleuré pourtant devant le commandant Jeanniot qui était le meilleur officier de la brigade. C'était de plus un homme très bon et très aimé... »

X

DANS LES TRANCHÉES

Ainsi se termina ce dramatique épisode dont les origines ni les suites n'ont pas encore été bien élucidées. La troupe allemande, qui avait couru la ville pendant la nuit et dont une partie seulement avait pu gagner les prairies avec les prisonniers, comprenait-elle un bataillon ou un demi-bataillon? Le feu ouvert par le capitaine de frégate Marcotte de Sainte-Marie avait couché pas mal d'ennemis à terre. « On marchait sur leurs cadavres dans la ville », écrit le fusilier H. G... (1). Et, le lendemain,

(1) « Le sang coulait dans les rues comme la pluie un jour d'orage », dira plus fortement encore, d'après un témoin, Jean Claudius (*op. cit.*). C'est ce qui donna

nous débusquâmes des caves où ils se ter-
raient un assez joli lot d'assaillants. Mais
le plus grand nombre, servis par des com-
plicités mystérieuses, parvinrent certainement à nous échapper.

En tout cas, l'alerte avait été chaude, et
elle nous avait montré combien était néces-
saire le renforcement immédiat de nos posi-

lieu vraisemblablement aux récits ultra-fantaisistes
publiés dans la presse à cette époque. « Dans le but
d'attirer les Allemands vers Dixmude, les forces françaises et anglaises (?) qui s'y trouvaient feignirent
d'abandonner la ville. Le piège réussit. Voyant qu'on
ne lui opposait plus de résistance, l'ennemi se rappro-
cha et, dans l'après-midi, il avait amené un régiment
aux portes de la ville. On n'apercevait ni Français, ni
Anglais, ni Belges. Les Allemands crurent bien que
Dixmude était évacuée. Ils décidèrent donc de l'occuper et, comme ils ont coutume de le faire, ils y
pénétrèrent au pas de parade et musique en tête. Mais,
dès qu'ils furent engagés dans la rue principale, une
fusillade effroyable couvrit le son des cuivres : plusieurs mitrailleuses dissimulées dans les maisons venaient d'entrer subitement en action. Il y eut parmi les
Allemands une panique folle, etc., etc. » C'est du roman.

tions. L'amiral en rendit compte au quartier général, qui lui envoya de Loo deux bataillons de Sénégalais. Le bombardement avait repris dans l'intervalle. Il devint particulièrement intense entre onze heures et trois heures, visant de préférence les ponts de Dixmude et les tranchées du cimetière. Nous fîmes là d'assez grosses pertes, dont le lieutenant de vaisseau Eno (1) et une partie

(1) De l'émouvante allocution prononcée aux obsèques de ce brave, à Lannion, par l'enseigne de Cuverville, représentant l'amiral Berryer, détachons ce trop court passage : « La mobilisation avait trouvé Ernest Eno à Brest, au centre des formations de ces mêmes bataillons qu'il devait plus tard conduire à l'ennemi. Et nul plus que lui n'avait qualité pour donner à nos jeunes recrues, en outre de l'instruction professionnelle, ces leçons de virilité et de patriotisme qui vont au cœur et font les hommes vaillants et forts. C'est que lui aussi était un vaillant. Fils de ses œuvres, il avait gravi pas à pas les rudes échelons de la carrière. C'était un vrai marin... Dès le 13 août, il partait avec le 1er régiment de fusiliers... Sous une pluie de mitraille, autour du cimetière de Dixmude,

de la 7ᵉ compagnie du 2ᵉ bataillon. Mais le moral des hommes ne pliait pas. Témoin ce quartier-maître Leborgne, blessé à la tête, évacué sur l'ambulance pendant une accalmie, qui s'en échappait en entendant la reprise de la canonnade et revenait se faire tuer à son poste; ou ce clairon Chaupin qui, voyant des recrues faire le gros dos sous la rafale, leur criait : « Regardez-moi, les p'tiots! » et, magnifiquement brave, dressé de toute sa taille pour traverser la zone dangereuse, les entraînait dans son sillage d'héroïsme (1). Le feu de l'ennemi,

il tombait bientôt à la tête des siens, la cuisse fracassée par un éclat d'obus. Il ne devait pas survivre à son horrible blessure. Il est mort, unissant dans sa dernière prière à Dieu les siens et sa chère Bretagne qu'il ne devait plus revoir. » Ernest Eno avait été opéré sur le champ de bataille même par son concitoyen et ami le docteur Taburet, un des médecins de la brigade qui montrèrent sous le feu, au chevet de nos blessés, le plus absolu mépris du danger.

(1) Docteur CARADEC, *op. cit.*

grâce au repérage de ses avions et aux intelligences qu'il comptait dans la place, témoignait d'une justesse surprenante. « Dans l'espace de deux heures, de dix heures et demie à midi et demi, écrit un des officiers qui commandait une des sections les plus exposées, l'enseigne de vaisseau T. S..., il est tombé une cinquantaine de shrapnells autour de nous. A une heure, j'avais le quart de mon effectif hors de combat. Je fais demander du renfort et des vivres, — nous étions sur la ligne de feu depuis soixante heures. Le commandant me donne l'ordre verbal de me replier. Je consulte mes gradés et mes hommes : « Faut-il partir sans avoir été remplacés? — Nous ne pouvons le faire, lieutenant! » Une heure après, l'ordre écrit m'arrivait de quitter la tranchée. Force me fut d'obéir, non sans avoir enterré nos morts et emporté nos blessés. Voilà, chers parents, de quoi sont capables nos marins : ils tiennent jusqu'à la gauche. Le soir même, la tranchée était occupée par une autre section de marins. »

Et, ce même soir du 26 octobre, cette tranchée, — ou une autre, — était de nouveau attaquée et ne restait dans nos mains que par un prodige d'héroïsme. L'ennemi avait pu s'approcher à quelques mètres et chargeait « en poussant des hurrahs; » nos mitrailleuses, encrassées, ne jouaient plus (1).

(1) Dans une circonstance moins critique, mésaventure semblable advint à l'enseigne Gautier et fut le prétexte d'une petite scène amusante qu'on dirait empruntée aux mathurinades de Léonec et de Gervèze. « Hier, je mitraillais des Allemands à 1200 mètres sur une route que j'ai fini par leur interdire. A un moment, enrayage. De mon blockaus, je hurle : « Qu'est-ce qu'il y a? — Enrayage. — Dites au char- « geur de ma part que c'est une andouille! » Et l'homme de communication, un brave pêcheur breton, de répéter : « Le chargeur est une andouille, de la part « du lieutenant. » Le chargeur, c'était Primat! » Quelques jours plus tard, le 10 novembre, dans Dixmude submergée, ce même Primat, qui avait survécu à son

Mais c'était le lieutenant de vaisseau Martin des Pallières qui commandait la section. Elle barrait la route de Woumen, entre le mur du cimetière et une tranchée creusée de l'autre côté, dans un champ de betteraves. Des Pallières bondit sur le parapet.

— Mes enfants, dit-il à ses hommes, c'est avec du fer qu'il faut recevoir ces gens-là. Baïonnette au canon !

Et comme un des fusiliers, un « Parigot » qui charge avec trop d'entrain, se plaint d'avoir perdu son « épingle à chapeau » (sa baïonnette), restée dans la « couenne » d'un Boche :

— Fais comme moi, lui répond des Pallières, cogne avec ta tête ! (1).

officier, pointait avec tant d'adresse et de sang-froid ses mitrailleuses sur une colonne allemande qu'il l'arrêtait net en lui fauchant trois sections. (V. à l'*Appendice*.)

(1) Conté par le fusilier Georges Delaballe. Telle était l'ardeur que des Pallières avait communiquée à

Le lendemain, un obus l'anéantissait.

Entre temps, la brigade avait passé sous

ses hommes qu'on trouva le lendemain, sur la route, un fusilier marin et un Boche « morts l'un sur l'autre, les doigts du fusilier entrés et encore crispés dans les joues du Boche. Une balle perdue les avait tués tous deux. » Ce qui avait exaspéré les marins, c'est que le major qui conduisait l'attaque portait « un large brassard de la Croix-Rouge ». Leur honnêteté native se révoltait de ce recours constant à des ruses ignobles, par lesquelles nos ennemis ont trouvé le moyen de déshonorer jusqu'à leur propre héroïsme. — Martin des Pallières était le neveu de l'amiral commandant la brigade des fusiliers en 1870. « Homme d'une bravoure très simple et très gaie, anéanti par un gros obus au milieu de son groupe de mitrailleuses qu'il maintenait sous un feu d'enfer », m'écrit un correspondant. — Le docteur Caradec fait remarquer que cette nuit du 26 octobre fut particulièrement tragique. Et il rapporte à l'appui cet épisode emprunté au récit du matelot mécanicien Le L... et qui est d'une assez belle horreur, en effet :

« Les Allemands ayant pris des tranchées françaises, les obus pleuvaient dans nos rangs. Tout à coup, quelques-uns des nôtres furent engloutis sous les décombres. L'un de mes amis se trouvant à moitié enfoui dans la terre, nous partîmes à deux pour lui porter secours. Mais un obus le frappa, et moi, à mon tour, je

les ordres du général Grossetti, chargé de
la défense de la ligne de l'Yser jusqu'à
Dixmude inclus (détachement de l'armée
de Belgique du général d'Urbal). La journée du 27 ne fut marquée par aucune

fus enfoui jusqu'au cou. La nuit venait à grands pas.
J'ai passé dans cette position quatorze heures d'angoisse. La bataille faisait rage. Près de moi se trouvaient deux amis qui poussaient des soupirs. Le plus
proche me suppliait de le délivrer, mais, hélas! j'étais
serré comme dans un étau. J'assistai à sa dernière
agonie... Mes forces s'épuisaient. Je perdis connaissance, quelques heures après mon ensevelissement. Ce
qui me faisait le plus souffrir, c'était de distinguer les
Allemands à quelques mètres de moi. J'assistais à tous
leurs actes, à leurs préparatifs de mort. Dans la nuit,
les tirailleurs sénégalais, ayant repris nos tranchées
perdues, se mirent à débarrasser les décombres et dé-
couvrirent mes deux amis morts près de moi. Un des
Sénégalais marcha sur ma tête. Sentant quelque chose
d'irrégulier, il se pencha et m'aperçut. On me retira
des décombres et on me transporta à la première
ambulance. Au bout de quelques heures, je revins à
moi. Quelle joie de me trouver près de mes amis! Je
me faisais l'effet d'un ressuscité. »

attaque en force : l'ennemi se contentait de nous bombarder. Il nous laissa respirer un peu la nuit suivante et le matin jusqu'à neuf heures. Puis, le charivari recommença. Un officier de la marine de réserve qui recevait ce jour-là le baptême du feu, le lieutenant de vaisseau Alfred de la Barre de Nanteuil, petit-fils du général Le Flô, pouvait écrire à sa famille qu'on l'avait gâté : « Un beau baptême, avec des dragées, toute la lyre, balles, shrapnells et surtout les fameuses marmites. Le hasard avait bien fait les choses. » Pour sa seule section, il comptait 4 hommes tués, 12 blessés et 11 disparus. Ce sabbat était le prélude d'une attaque brusquée : elle se produisit contre les tranchées du cimetière, particulièrement recherchées de l'ennemi. Mais nous le savions et nous avions là nos troupes les plus solides. L'attaque fut repoussée une fois de plus, en partie grâce à la fermeté du pre-

mier maître de mousqueterie Le Breton,
déjà blessé le 24 octobre et qui avait pris
le commandement de la compagnie, quand
tous les officiers furent hors de combat (1).

(1) Parmi eux se trouvait l'enseigne de vaisseau Gautier. On a trouvé dans ses papiers l'ordre ci-après que
nous communique sa famille. « M. Gautier — par
ordre supérieur, j'envoie une section vous remplacer,
avec mission de vous transmettre l'ordre de vous porter avec votre section dans le voisinage du cimetière,
derrière le mur ou le talus du chemin de fer, dans la
position qui vous paraîtra la plus favorable, d'accord
avec l'officier qui sera dans les tranchées voisines. La
section de des Pallières, qui était au cimetière, a été
démolie, des Pallières tué et enseveli sous les décombres de la tranchée. » C'est à neuf heures du soir
que l'enseigne Gautier fut tué. « Nous dînions dans la
tranchée, écrivait quelques jours plus tard à sa famille
le lieutenant de vaisseau Gamas, quand on vint lui
apporter l'ordre de se rendre à un poste dangereux
pour y remplacer des Pallières qui venait d'y trouver
la mort. Le dernier mot que me dit votre gendre fut
le suivant : « Capitaine, c'est mon tour. » Puis, après
un énergique échange de poignée de mains et de re-
gards profonds et affectueux, nous nous séparâmes.
Le lendemain j'appris que mon pauvre ami était mort

Nos alliés n'étaient pas si heureux sur la ligne de Dixmude à Nieuport, où la 4e division belge, écrasée sous des forces supérieures, marquait un sensible recul jusqu'à Ramscappelle et Pervyse. L'importance stratégique de ces deux villages exigeait qu'on les reprît immédiatement. Tous les éléments disponibles de la brigade y furent envoyés dans la soirée du 29. Cela n'empêchait pas l'ennemi de continuer son bombardement de Dixmude, auquel répondirent avec efficacité cette fois les « grosses basses » de notre artillerie lourde. Nous y gagnâmes d'avoir une nuit à peu près tranquille. On les comptait, ces nuits-là, dans la brigade.

tué par une balle allemande qui l'avait frappé au front au moment où, attaqué par des forces très supérieures, dont trois sections de mitrailleuses, il levait la tête hors de la tranchée pour mieux régler son tir et faire tout son devoir. C'est donc noblement qu'il est tombé, laissant à sa femme et à ses enfants un nom glorieux chargé d'estime et d'admiration. »

« Nous ne savons plus ce que c'est que dormir, écrit un marin. Voilà dix jours qu'on n'a pas fermé l'œil. » L'ennemi, peut-être, était aussi las que nos hommes : quelques poignées de shrapnells sur Caeskerke et le carrefour où l'amiral avait installé son poste de commandement furent la seule manifestation de son activité nocturne. Peut-être aussi, dans cette phase des opérations, Dixmude l'intéressait-elle beaucoup moins que Ramscappelle et Pervyse. Il se jetait au petit jour dans Ramscappelle, mais il échouait sur Pervyse, défendue avec leur énergie habituelle par les deux compagnies du bataillon Rabot. Ramscappelle était d'ailleurs reprise le lendemain. Mais, la veille, une « marmite » avait démoli, à Dixmude même, le pont du chemin de fer.

Aux brefs relâches de cette lutte épuisante, les yeux des défenseurs interrogeaient le *schoore* de l'Yser. Qu'elle était lente à se tendre, cette inondation annoncée par le quartier général belge dans la soirée du 25 octobre et qui, depuis cinq jours, ne faisait que des progrès insensibles! Pourtant, là-bas, sur la grande plaine unie, il semblait qu'on la vit avancer : les *watergands* débordaient; l'eau rapprochait ses mailles; sa résille se resserrait autour des villages et des fermes. A la hauteur de Ramscappelle et de Pervyse, elle formait déjà une grande nappe d'un seul tenant.

Ce fut ce jour-là, « au nord à nous », qu'on put constater les premiers effets tactiques de l'inondation. Ramscappelle avait été splendidement enlevée à la baïonnette par la 42ᵉ division, l'ennemi rejeté derrière le talus de la voie Dixmude-Nieuport, d'où il se repliait presque aussitôt sur l'Yser : autant que devant nos troupes, il reculait devant l'insidieuse montée des eaux. Le plan du grand état-major allemand était déjoué : il n'avait compté, pour atteindre Dunkerque, ni sur l'intervention de la flotte anglo-française, qui l'empêchait de longer par les dunes le rivage de la mer, ni sur les facilités qu'offrait à la défense l'inondation du bassin de l'Yser. La clef de la position n'était ni à Dixmude, ni à Pervyse, ni à Ramscappelle, ni à Ypres, comme il l'avait cru, mais dans la poche du chef-wateringue qui garde les écluses de Nieuport.

On croit sentir à cette minute de la crise comme un flottement chez l'ennemi ; sans renoncer à Dixmude, l'état-major allemand semble vouloir regarder ailleurs. A peine si, le 30 et le 31, il daigne envoyer à nos tranchées du cimetière et aux maisons des abords du pont leur ration habituelle de shrapnells et de marmites. Il pleuvait sans discontinuer depuis trois jours : nos hommes avaient de l'eau jusqu'à mi-jambes dans les tranchées. Où étaient les fringantes « de-

moiselles au pompon rouge » de naguère?
« Il faudrait nous voir marcher, écrit le
marin L..., d'Audierne, on est comme des
hommes de soixante-dix ans. Mes pauvres
genoux et coudes, je ne les sens plus. » Mais
la grande souffrance tenait au manque de
chaussettes : les pieds nus dans les souliers
se violaçaient, refusaient tout service.
« C'est la campagne des pieds gelés, »
goguenarde un de ces malheureux. Disciplinés, fatalistes par tempérament, ils ne
récriminent pas, et c'est à leurs parents
qu'ils s'adressent pour parer au mal. « Envoyez-moi des chaussettes. Je suis nu-pieds
et il fait froid », écrit le 1er novembre le
marin J. F..., du Passage-Lanriec. Et,
dans la lettre suivante, il réitère : « Je
vous dirai, chers parents, qu'il fait mauvais
temps ici : pluie et vent tous les jours, et du
froid ! Il ne fait pas beau dormir dans les
tranchées : il y a quinze jours que je n'ai

pas fermé les yeux par le froid, les obus et les balles. Malgré tout cela, j'ai encore du courage. Je suis nu-pieds dans mes souliers ; j'ai toujours les pieds glacés. Si vous m'envoyez des chaussettes, envoyez-moi quelques paquets de tabac avec... » Et cet autre bout de lettre, toujours sur le même sujet : « Chère mère, vous me dites que mon frère continue à boire et il a bien tort ; mais qu'il a tiré ses bas de ses pieds pour me les envoyer. Je le remercie, car j'en avais grand besoin. » Magnanimité des ivrognes bretons !

Il y a des privilégiés ici d'ailleurs, comme partout : tel cet H. L..., qui s'est confectionné des mitaines avec une paire de vieilles chaussettes trouvée dans une tranchée boche. Évidemment on ne fait pas le délicat quand on est à la guerre et qu'on porte depuis un mois, sous la pluie, dans la boue, les mêmes effets loqueteux et gluants. « Tu n'oserais

pas prendre mon tricot avec une pince, tellement il est infect », écrit à sa sœur le
même H. L... Les officiers ne sont pas mieux
partagés, — bien qu'ils aient des chaussettes. « On ne se change jamais, on ne se
lave jamais, on ne se brosse jamais, écrit
Alfred de Nanteuil. Je suis dans la même
crasse depuis mon départ de Brest. Je n'ai
changé que de chaussettes. Toutes mes
idées sur l'hygiène sont renversées, car, en
somme, je ne me suis jamais mieux porté. »
Quelques-uns se plaignent bien çà et là de
la nourriture. « Je suis été *(sic)* trois jours
dans les tranchées sans bouffer », gémit inci-
demment le marin J.-L. R... Mais d'autres,
en plus grand nombre, constatent que la
« confiture de singe » n'est pas mauvaise,
surtout chauffée, et qu'en somme on a « son
content » (1). Sur la boisson, par exemple,

(1) Tous les officiers que nous avons vus ou qui
nous ont écrit reconnaissent que le service de l'inten-

le « jus » excepté, — « fameux, le jus! » — l'opinion est unanime et tous la déclarent exécrable. Ni vin, ni bière, rien que de l'eau croupie : « encore on dit que les casques à pointe l'ont empoisonnée (1). » Aussi est-il recommandé de ne la boire que dans le « jus » et fortement bouillie. « J'ai passé des journées avec du pain, du sucre et une tasse de café les grands jours, écrit Alfred de Nanteuil. Il n'y a plus dans le pays que de l'eau infecte. Alors je reste très bien huit jours sans boire, sauf le café. » François Alain, lui, en est resté quatre sans boire ni manger, dans la paille d'une grange où vingt-sept de ses camarades, coupés de leur compagnie, venaient d'être éventrés à coups de baïonnette. Comment ce conscrit de dix-

dance, malgré les plus grandes difficultés, fut parfait au cours de la défense et que le corps du commissariat de la marine se montra vraiment « à la hauteur ».

(1) Lettre du fusilier J. F...

neuf ans échappa-t-il aux Boches demeurés
à proximité? « Par un petit trou qu'il avait
percé à l'aide de son couteau dans une des
tuiles du toit », il observait tous leurs ma-
nèges, repérait leurs tranchées, les empla-
cements de leurs canons et de leurs mitrailleuses. Et un beau soir, où la lune n'était
pas trop claire, il s'évadait en rampant,
abattait un officier allemand qui lorgnait
les positions françaises, et rentrait dans nos
lignes sous une pluie de balles, avec une
cargaison de « renseignements précieux »,
un fourreau de boue et des dents aiguisées
par quatre-vingt-seize heures de jeûne (1).
Et l'admirable, c'est que dans cet état,
ruisselants, le ventre vide, les pieds gelés

(1) *Journal de Paimpol* du 24 janvier 1915. François Alain, « un enfant de Bréhat de dix-neuf ans,
engagé de février 1914 », a été décoré de la médaille
militaire par les mains mêmes du général Foch. (V. à
l'*Appendice* le rapport de l'*Officiel.*)

et le crâne en feu, aucun de ces hommes ne perd le sourire. Dans toutes leurs lettres revient la même note : « Quoique ça, tout va bien, et l'on ne se fait pas de bile, surtout quand on peut f... une tournée aux Boches (1). » Ceci console de cela. Les risques de la tranchée, ils les connaissent et ils les préfèrent à l'inaction de la vie en réserve. « Et voilà douze jours de bataille, écrit le 28 octobre le fusilier C..., d'Audierne, et, ce soir, nous devons aller en première ligne, *car on est mieux au feu qu'au repos.* » Paradoxe ? Forfanterie ? Non. Ils parlent comme ils pensent. Ce sont des embusqués à rebours.

(1) Lettre du fusilier P. M...

XI

L'ATTAQUE DU CHATEAU DE WOUMEN

La Toussaint fut presque aussi calme que les deux jours précédents. Nous refîmes nos tranchées; l'amiral mit de l'ordre dans ses régiments et transporta son quartier général à Oudecappelle. Alfred de Nanteuil, depuis la veille en deuxième ligne, constatait dans son journal cette trêve des « marmites », sinon des shrapnells et des balles, « qui sifflent un peu comme certaines mouches en été. » Mais, sur le vaste horizon, des fermes brûlaient. La triste nuit de novembre était éclairée et comme « jalonnée » par ces brasiers qui attestaient que, pour avoir changé de forme, les distractions de l'ennemi n'avaient pas acquis plus d'aménité. « Un

de mes hommes, note Alfred de Nanteuil,
a trouvé l'autre jour, dans le sac d'un Allemand, une main de petit enfant coupée... »
Et, à Eessen, où l'abbé Deman, un jeune
prêtre de vingt-huit ans, servait comme
vicaire, ses bourreaux, après s'être donné
le divertissement de lui faire creuser sa
fosse, le fusillaient « dans le cimetière même
de sa paroisse (1) ».

Nous eûmes, du reste, le lendemain,
l'explication de cette apparente inertie de
l'adversaire. Quelques « marmites » sur les
tranchées et les fermes où nous avions nos
services de ravitaillement ne suffirent pas à
nous donner le change. Dans le sud-ouest,
sur la route d'Ypres, on percevait depuis
quelques jours un grondement ininterrom-
pu : c'était l'ennemi qui avait déplacé une

____

(1) Déclaration de M. l'abbé Vanryckeghem, au
dire de qui les curés de Saint-Georges, de Mannekens-
verke et de Vladsloo auraient été aussi exécutés.

partie de ses forces et qui cherchait, vers
Mercklem, le contact avec nos territoriaux et
les corps britanniques. L'occasion semblait
bonne pour briser le corset de fer qui nous
étreignait et soulager un peu nos positions.
Le moral des hommes n'avait jamais été
meilleur. Des bruits d'offensive générale
couraient dans la brigade, et rien n'est plus
propre que la pensée de se porter en avant
à redresser le caractère français. Le 3 novembre, des avions à nos couleurs passaient
au-dessus de Dixmude, en route vers les
lignes allemandes ; dans l'ouest, un sphé-
rique se balançait.

« Heureux présages ! écrivait Alfred de
Nanteuil. Tous ces encouragements nous
manquaient au cours de cette longue défense... J'ai le cœur allègre. Tout indique
que nous allons avancer. Les marmites ont
disparu, ce dont personne ne se plaint. Je
suis en première ligne depuis hier soir... Il

fait du soleil, l'alouette chante, la boue sèche. Nous sommes ignobles à voir... Relevés par les Belges à la nuit, je vais chercher pour les guider ceux qui remplacent ma compagnie... En rentrant, éreinté, j'arrête sur la route une barrique de soupe belge et y puise une louchée exquise. Mon bataillon est en réserve depuis hier soir. Nuit dans une grange, les hommes dans la tranchée. Aujourd'hui, dès le matin, sac au dos. »

Où allons-nous? se demandait un peu plus loin l'intrépide et charmant officier. Et il se répondait à lui-même en souriant : « Peut-être n'allons-nous nulle part. En tout cas, la canonnade fait rage, et cette fois ce sont nos braves, nos chers canons, si impatiemment attendus. On n'entend plus les autres. Je crois que ça va bien. »

Alfred de Nanteuil ne se trompait pas : c'étaient nos 75, cette fois, qui menaient la danse. Le commandement avait décidé de faire déboucher de la ville « une attaque soutenue par une puissante artillerie et se proposant pour objectif principal le château de la route de Woumen, à un kilomètre de Dixmude ». Cette attaque était « montée » par quatre bataillons d'infanterie de la 42e division, un bataillon de marine sous les ordres du commandant de Jonquières servant de réserve, le reste de la brigade de repli éventuel. Et elle était conduite par le général Grossetti, — Grossetti l'invulnérable, comme on l'appelait depuis sa magnifique défense de Pervyse, où il recevait les obus, assis sur un pliant.

L'attaque commença vers huit heures par un déblayage énergique de la position. Il y eut peut-être quelque hésitation dans les mouvements qui suivirent, et le fait est qu'en ne s'ébranlant qu'à onze heures et demie du matin, nos fantassins perdirent le principal bénéfice de la préparation : l'ennemi avait eu le temps de se reprendre; le 8ᵉ bataillon de chasseurs ne put déboucher du cimetière par la route de Woumen qu'avec l'appui du bataillon de Jonquières. Encore s'arrêta-t-il au bout de 200 mètres. Le 151ᵉ d'infanterie, qui opérait par la route d'Eessen, gagnait péniblement dans le même laps de temps un autre front de 200 mètres. Ce fut tout le profit de la journée. Le 3 au matin, nous reprenions l'offensive, mais sans plus de succès que la veille. L'attaque manquait toujours de souffle. Nous avancions à peine, quoique bien soutenus par nos 75, qui affirmaient une fois de plus leur supériorité sur l'artillerie ennemie. Pour lui donner quelque élan, le commandement décida d'appuyer l'attaque par toute la 42ᵉ division et deux nouveaux bataillons de fusiliers. La journée s'acheva en préparatifs de passage sur

l'Yser, en aval et à un kilomètre de Dixmude. Deux passerelles volantes furent ame-
nées de Dixmude à cet effet. Brouillard
dense, le meilleur des temps pour ces sortes
d'opérations. L'un des bataillons de fusiliers devait attaquer parallèlement à l'Yser ;
les deux autres, le franchissant plus en
amont, devaient se rabattre sur le château,
tandis que le 8ᵉ bataillon de chasseurs con-
tinuerait l'attaque par le nord. Cinquante
pièces d'artillerie concentraient leurs feux
sur le parc et les bâtiments ; mais décidé-
ment ce manoir enchanté, avec ses fou-
gasses, ses tranchées profondes, ses réseaux
de fils barbelés, ses meurtrières à tous les
murs, ses mitrailleuses à tous les étages,
ses caponnières à tous les coins, dégageait
on ne sait quelle électricité répulsive qui
avait la propriété, sinon de briser l'élan de
nos troupes, tout au moins de l'amortir singulièrement. Le terrain, haché de *water-*

gands, n'était pas des plus favorables sans doute. Et dans la brume couvait une tourmente. Bref, à la nuit, nos troupes n'étaient encore qu'à 400 mètres du château : nous n'avions pu pénétrer dans le parc. Du côté d'Eessen, nous n'avions même marqué aucun progrès. Enfin, vers Beerst, les troupes belges qui défendaient le front nord de Dixmude nous signalaient qu'elles ne suffisaient plus à garnir les tranchées, et l'amiral dut détacher à leur secours deux compagnies du bataillon de Kerros placées en première réserve. Petit désagrément, compensé par l'arrivée de deux nouvelles pièces de 120 long, qui étaient immédiatement mises en batterie au sud du passage à niveau de Caeskerke.

Cependant la nuit du 5 novembre ne fut pas troublée autour de Dixmude. Aussi, dès l'aube, l'attaque reprit-elle sur le château de Woumen. Et, cette fois, on put croire au succès. Surgissant de leurs tranchées provisoires, nos bataillons, échelonnés sur la plaine, s'ébranlèrent du même mouvement au cri de : « Vive la France! » La charge sonnait. En quelques bonds, malgré une terrible mousqueterie et des salves de mitrailleuses à bout portant, le parc et la ferme furent enlevés; nos troupes arrivèrent jusqu'au pied du château. Mais là leur élan se brisa. Quoi qu'on ait raconté, le château ne fut pas pris : la défense intérieure avait été formidablement organisée, et peut-être dès le temps de paix. L'ennemi cependant laissait entre nos mains une centaine de prisonniers retranchés dans le pavillon de l'entrée principale (1). Piètre butin. A la nuit, le

(1) D'après un correspondant de *la Liberté*, « ils n'eurent pas le temps de se replier, tant l'attaque des mathurins fut soudaine et menée avec fougue. Entraînés par leur élan, les fusiliers marins ne s'aperçurent pas de la présence des Allemands en cet endroit. Ce n'est que trois heures plus tard qu'un sous-officier

commandement donnait l'ordre du repli général : le bataillon de Jonquières rentra dans ses cantonnements ; la 42ᵉ division partit dans une autre direction (1) et la bri-

prussien sortit sans armes du pavillon et offrit au premier officier qu'il rencontra de se rendre avec tous ses camarades. »

(1) A Dixmude même, les journées du 4 et du 5 s'étaient passées dans une tranquillité relative. « Il pleut, écrit le 4 Alfred de Nanteuil. Cinq heures de station sur la route, sac au dos. Boue affreuse. Traversé Dixmude. Vision d'horreur. Désert. Lueurs de pillards. Charognes. Ruines sans nom... La nuit dans une ferme abandonnée, pleine de charognes, saccagée d'une façon affreuse. Tout y décèle les habitudes propres, pieuses, rangées, des honnêtes cultivateurs flamands. Nuit assez calme. Six heures de sommeil dans nos vêtements mouillés. Impossible de se changer. » Le 5 : « Aujourd'hui temps exquis ; du soleil ; tout est calme. Les canaux reflètent les célèbres paysages des maîtres flamands, enveloppés de ouates légères. Les bestiaux qui ont échappé au bombardement ruminent sur les digues. Enfin on respire. On respire !... On est tout heureux de vivre. Je commence à croire que nous sommes ici pour longtemps. »

(Newspaper Illustrations.)

LA GRANDE-RUE APRÈS LES PREMIERS JOURS DU BOMBARDEMENT

gade se trouva de nouveau seule à Dixmude, avec les Belges et une poignée de Sénégalais (1).

« Nous ne bougeons pas, écrit Alfred de Nanteuil à la date du 6 novembre. On nous retire les renforts. Visité l'église de Dixmude et l'Hôtel de Ville. Effroyable! Tout cela n'est plus qu'une ruine sans nom. Il ne reste pas une maison entière. Certains quartiers ont perdu jusqu'au souvenir de leurs fondations : un monceau de pierres et de briques... Il reste de Messine plus que de cette malheureuse cité. »

(1) Elle passait en même temps sous les ordres du général Bidon.

XII

LA MORT DE DIXMUDE

Elle n'est pas tout à fait morte, pourtant.
Scalpée, fracassée, incendiée, elle garde
encore une étincelle de vie, tant que nous
sommes là. Ce charnier où nous campons
et dont les rues ne sont plus que des pistes
méphitiques sinuant entre des monceaux de
cadavres, des tas de moellons et les abîmes
ouverts par les « marmites » boches, palpite
obscurément dans ses profondeurs. La vie
y est devenue souterraine ; Dixmude a ses
catacombes, où nos hommes se coulent au
sortir des tranchées. D'autres hôtes, moins
catholiques, circulent peut-être dans ce
réseau de caves et de celliers d'une explora-
tion difficile ; les lueurs suspectes aperçues

certain soir par Alfred de Nanteuil ne sont
peut-être pas toutes des « lueurs de pillards » . Seule de toute la ville, par un mystérieux privilège, une maison a échappé au
bombardement, la minoterie, dont la plate-
forme en ciment armé, debout sur ce champ
de décombres, continue à dominer, près du
Haut-Pont, toute la vallée de l'Yser...

La 42ᵉ division, en nous quittant, nous a
laissé deux de ses batteries de 75. C'est
quelque chose, bien qu'insuffisant pour remplacer les soixante-douze pièces de campagne qui garnissaient à l'origine le front
de la défense et dont cinquante-huit sont
hors de service. Nous n'avons de sérieux
que notre artillerie lourde, mais elle n'a pas
la mobilité des 75. D'autre part, notre
offensive sur le château de Woumen semble
avoir inquiété les Allemands, qui sont
revenus en force sur Dixmude. Le bombardement de la ville et des tranchées recom-

mence ; une assez vive attaque de l'infanterie ennemie sur nos tranchées du cimetière est repoussée dans la soirée. Sur la route d'Eessen, on sent aussi la pression. Pertes assez fortes des deux côtés. Une reprise de l'attaque semble probable pour la nuit. Et tant de vides déjà ont éclairci nos rangs (1) !

« Maman, écrit de Dixmude à la date du 7 novembre le fusilier C..., d'Audierne, c'est toujours le fourniment au dos et paré au coup de feu sous la mitraille des

(1) Aux officiers dont nous avons donné les noms plus haut, joignons, pour la période comprise entre le 24 octobre et le 6 novembre, les lieutenants de vaisseau Cherdel, Fefeu, Lanes, Richard, les enseignes Rousset, Le Coq, Vigouroux, l'officier des équipages Hervé, tués ou morts des suites de leurs blessures ; parmi les officiers blessés, mais qui ont survécu à leurs blessures, le lieutenant de vaisseau Antoine, « modèle du parfait officier, fils de l'amiral Antoine » (*Corresp. part.*), et Revel qui, blessé à la cuisse, donnait l'ordre de repli à sa compagnie décimée « en lui prescrivant de le laisser dans la tranchée où il était tombé ». (V. à l'*Appendice*.)

canons allemands que je t'écris ces quelques lignes pour te donner de mes nouvelles, qui sont très bonnes, et je désire que cette missive te trouve de même ainsi que la famille. Maman, ainsi que toute la famille, vous revoir, je ne compte plus, car pas un de nous ne reviendra. Enfin j'aurai donné ma vie pour faire mon devoir de soldat et de marin. J'ai déjà reçu deux balles : une dans la manche de ma capote et une dans ma cartouchière de droite, et la troisième sera la bonne. »

« A notre escouade, écrit le même jour le fusilier A. G..., sur seize, nous sommes encore trois. » Cependant la nuit du 6 au 7 fut assez tranquille. Et la journée qui suivit lui ressembla. La petite mortification que nous avait causée l'échec de notre offensive sur Woumen était déjà oubliée et l'on se reprenait à l'espoir.

« Je crois, écrivait Alfred de Nanteuil,

que ma compagnie ne bougera guère d'ici
longtemps… Je fournis, suivant les besoins,
une ou deux sections de renfort, les autres
et moi-même demeurant ici dans ma tranchée que nous perfectionnons et dans le voisinage d'une ferme qui nous permet de
manger chaud. Paille à discrétion. En
somme, le grand confort. »

L'impression générale est qu'on est ac-
croché d'un bout à l'autre du front. « Bombardement et fusillade. Guerre de siège
partout. Cela finira bien un jour. En attendant, conclut gaiement Alfred de Nanteuil,
bon moral, bonne santé. »

Dans l'après-midi cependant, on re-
marqua, sur l'autre rive de l'Yser, des va-
et-vient assez suspects et, comme il était
facile de battre cette partie du front ennemi,
on se hâta de pointer dans sa direction une
de nos pièces de campagne. Était-ce un
piège? Ou quelque espion, par derrière,

faisait-il des signaux? La pièce n'était pas plus tôt en action qu'une batterie allemande se démasquait et la prenait sous son feu : un des projectiles tua net le capitaine de frégate Marcotte de Sainte-Marie, qui surveillait les effets du tir (1).

Désormais les attaques ne vont plus cesser. La nuit du 7 au 8 ne fut qu'une longue série de tentatives sur notre front, qui toutes furent repoussées. Elles reprirent au jour sur les tranchées du cimetière. Le mur d'enceinte était tombé depuis longtemps sous les coups de l'artillerie allemande ; par les meurtrières des créneaux, on voyait l'immense plaine de betteraves au bord de laquelle nous combattions, le dos à Dixmude et à son *schoore* presque entièrement

(1) Le commandant de Sainte-Marie fut provisoirement remplacé à la tête de son bataillon par le lieutenant de vaisseau Dordet qui y montra « les plus belles qualités ». (V. à l'*Appendice*.)

reconstitué. A l'horizon, sur sa butte solitaire, l'imprenable château de Woumen, enveloppé de bois et de fumée, commandait la position ; les flocons blancs des batteries s'accrochaient aux branches, qui semblaient perdre leur duvet. Comme toujours, l'ennemi préparait ses attaques par un déblayage en règle du terrain : shrapnells et marmites fracassaient les dalles, hachaient les croix, les grilles, les couronnes et les cercueils eux-mêmes, — ces cercueils qu'à cause de l'extrême perméabilité du sous-sol flamand on ne descend pas à plus de cinquante centimètres et dont tous les hôtes s'étaient évadés dans un affreux pêle-mêle. Maints fusiliers furent blessés par des esquilles d'ossements « mobilisés » ... Dans les brouillards des Flandres, quand le mystère nocturne et l'énorme disque enflammé de la lune ajoutaient leurs fantasmagories à la scène, elle passait en horreur les plus macabres imaginations du romantisme ; si familiers que soient nos Bretons avec les choses de l'Au-Delà, un frisson les parcourait. Et ils attendaient l'attaque ennemie comme une délivrance, la fin d'un cauchemar (1).

« On ne mollissait pas quand même, écrivait le fusilier G.... Mais on comprenait que tout le monde ne fût pas organisé comme nous et les moricauds (Sénégalais), et on avait pitié de ces pauvres Belges, si éprouvés, qui, eux, vraiment, n'en pouvaient plus, surtout leurs chasseurs à .

(1) Et pourtant ces tranchées du cimetière, c'était en quelque sorte l'abri, la sécurité relative : avant d'y parvenir, il fallait traverser une zone rase de 200 mètres, continuellement balayée par les balles et les shrapnells. « On passait en courant, à la file indienne, le sac sur la tête, et l'on « piquait » dans les caves de la maison du gardien — ceux qui ne restaient pas en route ! — en poussant un ouf ! de soulagement. » (Conté par Georges Delaballe.)

pied (1). Il fallait bien leur donner un coup de main et les remplacer aux tranchées, même quand nous n'étions pas de relève. Il y avait continuellement, sur nous, deux ou trois aviatiks (2), qu'on avait beau fusiller et qui revenaient toujours aux mêmes heures, comme la misère sur le monde. Quand ils avaient regagné leurs perchoirs, on était sûr de son affaire : les marmites vous arrivaient droit dans l'œil. Et quelle musique ! »

(1) Souvenons-nous que les Belges se battaient depuis trois mois et que, jusqu'au 23 octobre, sinon à Dixmude, du moins au-dessous jusqu'à Nieuport, ils avaient été à peu près seuls contre les forces allemandes. Et eux aussi eurent leurs héros !

(2) Sans parler d'un *dracken ballon.* — « Violent bombardement de nos tranchées, dirigé par les ballons cerfs-volants « saucisses » : faible réponse de l'artillerie belge et française », note sur son carnet, à la date du 8, l'enseigne X... Et, à la date du 9 : « Continuation du bombardement. Attaque de nuit des petits postes, qui se replient. »

Quelle musique, en effet, surtout comparée au « toussotement » de nos petits canons belges! Le 9 novembre enfin, un groupe de douze 75, tout battant neufs, vint relever ces asthmatiques. On les répartit entre Caeskerke et l'Yser. Le cimetière restait « notre point noir ». Une des tranchées que nous y occupions avait été prise par les Allemands; mais une vigoureuse contre-attaque de l'enseigne Melchior les en délogeait presque aussitôt. « Exaspéré de tant d'efforts stériles, écrit le lieutenant de vaisseau A..., l'ennemi se décida, le 10 novembre, à frapper un coup décisif. Vers dix heures du matin commença le plus terrible bombardement que la brigade ait eu à supporter. Le tir, très ajusté, bouleversa les tranchées et fit subir à nos compagnies de très grosses pertes (1). » Et, à onze

(1) Cité par le docteur Caradec. — L'artillerie allemande (batteries de 105 et de 77) était postée à

heures, 40 000 Allemands marchèrent sur Dixmude (1).

C'était l'attaque par masses profondes, comme au début du siège, mais mieux soutenue, « montée » par des troupes fraîches ou renforcées et qui connaissaient les points faibles de l'adversaire. Encore n'est-il pas sûr qu'elle eût réussi sans l'inconcevable fléchissement de nos positions de la route d'Eessen. Cette partie du secteur sud (2),

2 000 mètres : derrière le château de Woumen, près de Vladsloo, à Korteckeer et à Kasterthoeck.

(1) Mais déjà, à neuf heures et demie, sur le front de la 9ᵉ et de la 10ᵉ compagnie (1ᵉʳ régiment) qui occupaient, vers Beerst, l'un des côtés de l'arc de cercle dessiné autour de Dixmude par nos tranchées et dont chaque pointe reposait sur l'Yser, une attaque assez vive s'était prononcée. Les Allemands essayaient de s'infiltrer entre l'Yser et l'extrémité de la 9ᵉ compagnie. L'attaque fut repoussée par les deux compagnies, appuyées par nos tranchées de l'Yser et une batterie de 75.

(2) Un peu au-dessus de la gare de Dixmude, exactement entre le talus du chemin de fer et la route d'Eessen.

la moins exposée, était la seule qui ne fût pas défendue par des marins. Il faut qu'elle ait été complètement démolie, avec les Sénégalais qui la flanquaient aux deux côtés, et son contingent tout de suite hors de combat. De fait, le feu ennemi était si intense sur toute la ligne qu'Alfred de Nanteuil, qui occupait une tranchée d'arrière du secteur nord, avait dû mettre son monde à l'abri d'un tas de paille. « Impossible de lever le nez hors de nos trous, écrit un officier, tant les obus se succédaient sans interruption ». La colonne attaquante put ainsi passer le canal de Handzaeme et tomber, par une manœuvre de flanc, sur les tranchées de la 11ᵉ compagnie, que battaient, à gauche, l'artillerie de Korteckeer et de Kasterthoeck et, de face, une violente mousqueterie dirigée d'un groupe de fermes en amont du canal : la compagnie n'eut que le temps de se replier vers les tranchées voisines (10e et 9e compagnies). Mais un détachement ennemi, qui s'était glissé le long du canal, avait réussi à pousser jusqu'au poste de commandement du 3e bataillon en faisant prisonnière sur sa route l'ambulance du docteur Guillet, établie au débouché du pont romain. Nos tranchées n'étaient pas reliées téléphoniquement; le service de liaison, assuré par des hommes, ne « fonctionnait » plus. Quatre fusiliers seulement, sur les 60 de la réserve du commandant Rabot, parviennent à s'échapper. Du toit de la ferme où elle est tapie, une sentinelle les aperçoit et jette l'alarme :

— Les Boches... à 400 mètres!

— Aux armes! crie de Nanteuil. Aux tranchées!

Lui-même, pour observer l'ennemi, se porte au point le plus exposé; mais, pris en enfilade, il est atteint d'une balle au cou, qui lèse la moelle épinière. Comment ses hommes réussirent-ils à l'emporter? Il gardait sa connaissance et ne se faisait pas d'illusion. Toute son énergie semblait concentrée dans ce désir : aller mourir en France. Son souhait a été exaucé (1).

(1) On lit dans le *Bulletin de la Société archéologique du Finistère :* « Officier de marine en retraite, M. de Nanteuil, dès les premiers jours de la guerre, avait repris du service et fut attaché à la défense des abords de Brest. Mais ce poste lui semblait trop de repos et, malgré son état précaire de santé, il multiplia les démarches pour être envoyé sur la ligne de feu. Quinze jours après y être arrivé, il était tué... C'est un héros de plus dans cette famille de héros... Érudit archéologue, tout particulièrement en ce qui concerne l'architecture militaire, [il] avait déjà publié de belles études sur nos vieux châteaux féodaux dans les *Bulletins* de *l'Association bretonne,* d'excellentes notes historiques et descriptives sur le château de Brest, les monuments de Morlaix et de Saint-Pol-de-Léon, les églises de Guimiliau, Lampaul, Saint-Thégonnec et Pleyben... » — « Il partit plein d'entrain et de vaillance, nous écrit-on d'autre part, le cœur ivre de marcher à l'ennemi. Tous ceux de ses amis qui l'ont vu au moment de son départ ont pu remarquer le rayonnement de sa physionomie... [Blessé

Et alors, ces lignes de la route d'Eessen enfoncées, la digue crevée au centre, le secteur nord coupé du secteur sud, ce fut le débordement. La vague allemande nous submergeait. L'ennemi, qui avait pénétré dans l'intérieur de la défense et que de nouvelles colonnes renforçaient à tout instant, nous prenait d'écharpe, de flanc et de revers. L'une après l'autre, nos positions craquaient. Déjà les premiers fuyards arrivaient devant Dixmude.

— Où vas-tu? crie un officier à un marin auquel il barre le passage.

— Capitaine, un obus a cassé mon fusil

mortellement — presque tout de suite la paralysie se déclara — et transporté à l'ambulance], il gardait toute sa lucidité ; il s'inquiétait des phases de la bataille, demandant si les ennemis avaient été repoussés. Bravement il supporta ses souffrances sans se plaindre. Dans la soirée et bien qu'il fût très faible, on le transporta sur son désir à Malo-les-Bains, *car il voulait mourir en terre de France.* »

dans la tranchée. Mais donnez-m'en un autre et j'y retourne.

On lui donne le fusil d'un mort et ce brave replonge dans la fournaise. Un autre, tout jeune, erre comme une âme en peine à la lisière des champs. Un officier lui demande ce qu'il cherche :

— Ma compagnie. On a trinqué aujour-d'hui. Il ne doit pas en rester lourd.

Et, subitement redressé, une flamme aux yeux :

— Mais ça ne fait rien, capitaine, *ils* ne passeront pas (1) !

Ils ne passeront pas, mais, pour les empêcher d'entrer dans Dixmude, c'est trop tard. Des mousqueteries éclatent dans notre dos ; il y a un fusil derrière chaque tas de moellons. L'ennemi fût brusquement sorti de terre qu'on n'eût pas été plus surpris. Il

____

(1) Cf. Docteur CARADEC, *op. cit.*

se peut qu'un certain nombre des assaillants qui s'étaient réfugiés dans les caves de Dixmude, après l'échauffourée du 25 octobre, soient sortis à ce moment de leurs terriers pour ajouter à la confusion. On connaîtra quelque jour peut-être l'explication du mystère. De tous les côtés, hors ville, en ville, sur le canal, sur l'Yser, nous étions dans le feu. C'était la « guerre des rues, avec ses surprises et ses embuscades », dit le lieutenant de vaisseau A... Qu'étaient devenues nos compagnies de couverture, celles du cimetière et celles de la route de Beerst? De la réserve du commandant Rabot, traquée de fossé en fossé, son chef tué ou disparu (1), il ne reste que quinze hommes

(1) C'est bien tué qu'il faut lire. On a su depuis que le commandant Rabot avait été frappé d'une balle au-dessus de l'oreille en se hissant, pour inspecter la position, sur le « rebord très élevé du ruisseau » qu'il occupait avec ses hommes.

ralliés dans un arroyo fangeux autour du lieutenant de vaisseau Sérieyx et qui luttent avec lui jusqu' « au dernier fusil ». Blessé, désarmé, Sérieyx est joint à quelques autres éclopés dont la colonne attaquante se fait un pare-balles pour arriver jusqu'au confluent du canal et de l'Yser. « Spectacle abominable, dit le lieutenant de vaisseau A..., de prisonniers français obligés de marcher en avant des Boches qui, à genoux derrière eux, tiraient entre leurs jambes! » Nos hommes, de l'autre côté de l'Yser, n'osaient riposter.

— Criez-leur de se rendre, ordonne le major à Sérieyx.

— Comment pouvez-vous penser qu'ils se rendront? répond avec une sublime impudence le nouveau Régulus. Ils sont dix mille et vous n'êtes qu'une poignée (1)!

(1) Le major lui avait précédemment demandé s'il n'y avait pas un passage pour traverser l'Yser. Sé-

Au même instant une vive fusillade éclate sur la droite de l'ennemi et détourne son attention : faisant signe aux siens, Sérieyx se jette dans l'Yser, le traverse à la nage, malgré son bras cassé, et court rendre compte de ce qui se passe à l'amiral.

C'est une contre-attaque lancée par le commandant de la défense et menée par le lieutenant de vaisseau d'Albia qui l'a dé-

rieyx lui avait répondu : « Je n'en connais qu'un : le Haut-Pont. » Or, à 50 mètres de là, se trouvait une passerelle que nos marins étaient précisément en train de franchir pour tomber sur le flanc des Boches. De grand hasard, un rideau de brousses et de maisons masquait la passerelle. Sérieyx, pour occuper le major, avait pris un crayon et traçait un plan compliqué de la position. De temps en temps une décharge claquait : Sérieyx et ses hommes se plaçaient stoïquement devant les Boches, puis Sérieyx reprenait son crayon. Le plan parut trop embrouillé au major qui jugea plus simple d'employer son prisonnier à obtenir la reddition des tranchées. (Pour tous autres détails, v. le *Moniteur de la Flotte* du 12 décembre 1914.)

gagé. Une autre compagnie, avec le commandant Mauros et le lieutenant de vaisseau Daniel (1), parvient à se retrancher derrière la barricade du passage à niveau de la route d'Eessen; sur toutes les voies aboutissant à l'Yser et spécialement au Haut-Pont, à la passerelle et au pont du chemin de fer, des sections s'établissent fortement ou consolident les sections qui les occupent déjà. Ces dispositions, prises à la hâte par le commandant Delage, réussiront-elles à sauver Dixmude? Tout au plus permettront-elles de prolonger un peu son agonie. Les minutes, désormais, lui sont comptées. Après avoir traversé à la baïonnette la colonne ennemie qui s'était

(1) La 8ᵉ compagnie en réserve, renforcée par une section de la 5ᵉ compagnie du 2ᵉ régiment. « Les troupes du secteur sud se replient vers la ville en se défendant par une série de barricades sous les ordres du commandant Mauros et Daniel, lieutenant de vaisseau. » (Carnet de l'enseigne X...)

aventurée jusqu'à l'Yser, la section du lieutenant d'Albia se heurtait à d'autres colonnes débouchant par la Grand'Place et les rues avoisinantes; la barricade de la route d'Eessen était emportée. Allemands et Français ne formaient plus qu'une grande mêlée hurlante qui tourbillonnait en ville et sur les bords du canal. On se fusillait à bout portant; on s'égorgeait à la baïonnette, au couteau, à coups de crosse, et, quand les crosses étaient rompues à force de cogner, on avait encore ses pieds, ses poings, sa tête, ses dents. A trois heures de l'après-midi, la moitié de nos hommes étaient hors de combat, tués, blessés ou prisonniers, et les colonnes allemandes, par la brèche ouverte dans la défense, continuaient à tomber dans Dixmude. Elles nous refoulaient vers les ponts que nous tenions toujours, que nous tiendrons jusqu'au bout. L'ennemi pourra prendre Dixmude,

— le petit matelot a raison, — il ne passera pas l'Yser. Une dernière fois, pour dégager la compagnie Mauros qui se replie sous un feu terrible, les débris des sections se reforment, officiers en tête. Et c'est de nouveau la charge, la mêlée tourbillonnante par les rues, le choc effroyable de deux électricités rivales. Écumant, la face pourpre, un marin, qui a vu tomber son frère, jure qu'il aura la peau de vingt Boches. Il les compte à mesure que sa baïonnette plonge : « Et d'un! Et de deux! Et de trois! Et de quatre!... » Ainsi jusqu'à vingt-deux. Quand il n'a plus de ventre boche à crever, il se retourne contre ses compagnons : il était fou...

Mais que peuvent les plus beaux traits d'héroïsme contre le pullulement de ces masses d'hommes qui sortent du pavé à mesure qu'on les écrase? « C'est des punaises! » soupire un quartier-maître. Et la nuit tombe. Dixmude a cessé de panteler.

Il y a six heures qu'on se bat sur ce cadavre
en miettes. Plus un pignon, plus un mur
n'est debout, à l'exception de la minoterie.
Un banc de laves, voilà Dixmude. La con-
servation de ce « tas de cailloux », qui se
complique d'un foyer de pestilence, ne
vaut pas le petit doigt d'un de nos hommes.
A cinq heures du soir, après avoir fait
sauter les ponts et la minoterie, l'amiral
se replie de l'autre côté de l'Yser (1).

(1) On a conté que, si Dixmude tomba le 10 novembre, ce fut l'intervention d'une vieille femme qui
en décida. « Les forces alliées occupant Dixmude, dit
le *Daily Mail*, consistaient en un escadron de cavalerie campé sur la rive droite de l'Yser, deux batteries
de 75, un régiment d'infanterie et un bataillon de
zouaves (!). La bataille commença par un feu d'artillerie très violent avec la grosse distillerie du centre de la
ville comme objectif principal. Deux des 75 étaient en
position au premier étage d'une tannerie, les autres
au-dessous sur un petit tertre où on nettoie les peaux.
Notre artillerie était capable de tenir l'ennemi en
échec. Avec ses obus explosifs, elle ouvrait de larges
brèches dans les rangs ennemis. Un canon ennemi

« Chère mère, écrira quelques jours plus tard le fusilier E. J..., d'Audierne, je vous

avait perdu son attelage et une simple salve fauchait des rangs de ulhans. Notre cavalerie et notre infanterie n'attendaient qu'un mot pour entrer en action. Juste à ce moment, parut une vieille femme que des zouaves avaient traitée avec bonté parce qu'elle paraissait misérable. Elle les avait suivis, s'appuyant sur le bras de l'un ou de l'autre. Elle avait partagé leur soupe. Elle monta dans la tannerie jusqu'au premier étage. Enfin, quand chacun craignait pour sa sécurité, elle disparut. Un moment après on put voir une lumière sur le toit de la distillerie. Elle parut trois fois avec un mouvement de droite et de gauche. Rien de plus. Cinq minutes plus tard, les obus allemands commençaient à pleuvoir exactement sur le point repéré par la lumière. En peu de temps, le bâtiment fut très endommagé. Des explosions suivirent et l'alcool en feu alluma l'incendie dans toutes les maisons avoisinantes. Ne pouvant arrêter ni le déluge d'obus ni l'incendie grandissant, le général commandant les forces françaises décida d'évacuer la ville et de se retrancher sur les rives du canal. Avec de grandes difficultés, les 75 furent descendus de la terrasse où ils avaient été placés et sauvés. Avant de quitter la ville, les soldats purent voir, gisant à terre, la vieille femme, sous les jupes de laquelle on distinguait l'uniforme des ulhans. » Tout

dirai que, le 10 de ce mois, je ne chantais pas la gloire à Dixmude, car, sur ma compagnie, on est retourné une trentaine. Ce jour-là, je croyais y rester ; mais, comme le courage m'a emporté, j'ai pu me retirer avec beaucoup de misère. Et il y en a beaucoup qui étaient forcés de se f... à la nage pour se sauver. »

Sans doute les prisonniers qui, avec l'héroïque Sérieyx, s'étaient jetés dans le canal et, de là, dans l'Yser. On ignorait encore que le lieutenant de vaisseau Cantener, qui avait pris le commandement après

est d'imagination pure dans ce récit. L'espionnage joua certainement un rôle dans la chute de Dixmude ; trop de gens qui se donnaient pour des réfugiés ou des habitants attachés aux ruines de leur foyer servirent de complices et d'indicateurs à l'ennemi. Mais tout d'abord Dixmude n'était pas défendue par les zouaves ; ensuite le poste d'observation de notre artillerie n'était pas sur une tannerie ; enfin nous n'avions aucune cavalerie à notre disposition. Le narrateur n'a oublié que le seul corps qui barra la route au mascaret allemand : les fusiliers marins.

la mort de son chef, s'était maintenu jusqu'à la nuit sur la route de Beerst avec trois
compagnies de fusiliers. Dans l'ombre, par
les fossés pleins d'eau, les trous de vase où
l'on enfonce jusqu'au ventre, il aura la joie
— et la gloire — de ramener la presque
totalité de ses hommes dans nos lignes; ils
sont 450, — 450 blocs de boue, — non
pas, comme on l'a dit, épuisés, sans armes,
sans équipement, mais en formation de
marche sur colonne par quatre, la baïonnette
au canon, aussi calmes qu'à l'exercice, les
blessés devant et chaque compagnie pro-
tégée par une section d'arrière-garde (1).

(1) Voici quelques détails sur cette retraite admirable. Avant de donner la parole au correspondant à
qui nous en devons le récit circonstancié, rappelons
que les Allemands, qui étaient tombés sur la réserve
du commandant Rabot, n'avaient pas détruit la
11e compagnie : celle-ci, après un feu très vif, s'était
rabattue vers la 9e et la 10e compagnie, à peu près
intactes. Dixmude était déjà tombée que les capitaines
des trois compagnies se rassemblaient pour examiner

Trop des nôtres encore demeuraient entre les mains de l'ennemi ou sous les ruines de

la situation et décidaient de tenir « coûte que coûte ».
— En conséquence « la 10ᵉ compagnie place un petit poste en avant, sur la route de Beerst, avec deux sentinelles doubles ; un autre à l'arrière, à l'ancien moulin. La compagnie elle-même se place : un rang face en avant, un rang face en arrière ; les tranchées sont aménagées pour faire face à toutes les directions ; les mitrailleuses belges abandonnées sont remises en état et dirigées prêtes à battre la route de Beerst. — 6 h. 30. Le petit poste du nord est attaqué par un fort contingent allemand D'après les ordres qu'il avait reçus, il se retire après un feu de salve. Ouverture du feu sur toute la ligne, les mitrailleuses de la 10ᵉ en action. Les Allemands, qui ne s'attendent pas à une résistance aussi opiniâtre, subissent de grosses pertes. La bataille, sans se voir, a duré une heure, les hommes à leur poste, personne n'abandonnant la tranchée. Tous les tués, dont le capitaine Baudry, lieutenant de vaisseau, l'ont été de balles à la tête ; tous les blessés, à la tête et aux bras, par conséquent dans la position de tir. A ce moment une légère attaque de l'arrière se dessine : il est temps de battre en retraite, n'ayant plus aucune liaison avec l'état-major du bataillon. Les compagnies partent successivement et en protégeant leur repli par des sections d'arrière-garde. Re-

Dixmude (1). Leur sacrifice n'avait pas été
inutile cependant, puisque, Dixmude tom-

traite admirable — et inénarrable en raison du chemin à parcourir. Arroyos (trous de vase) partout. Les
hommes passent en enfonçant jusqu'aux épaules, se
faisant précéder de leurs blessés. Ils sont aussi calmes
qu'à l'exercice. Après deux heures de cette marche
pénible, mais en ordre parfait, ils arrivent devant la
passerelle de l'Yser. Une ferme-minoterie se trouve
près de là : les Allemands y ont installé des mitrailleuses dont le feu balaie la passerelle. Le lieutenant
de vaisseau Cantener, faisant fonction de commandant, décide d'enlever la ferme. L'opération réussit
merveilleusement : les Allemands sont débusqués, la
ferme incendiée. On peut alors passer l'Yser, les
blessés d'abord, puis les compagnies, qui sont rame-
nées au croisement des routes de Caeskerke et, de là,
dans les tranchées-abris d'Oudcapelle ». — Complé-
tons ce beau récit par une note empruntée au carnet
de l'enseigne X... : « C'est à 11 heures du soir que la
9e, la 10e et les débris de la 11e compagnie, battant en
retraite à travers des marécages où on enfonce jusqu'au ventre, en emportant leurs blessés, réussissent à
traverser l'Yser sur une petite passerelle mobile
gardée par les marins du secteur nord. Montgolfier,
enseigne, tué. »

(1) D'après M. Pierre Loti, les fusiliers marins au-

bée, l'ennemi nous retrouvait en face de lui, sur l'autre rive de l'Yser, nos anciennes lignes de repli devenues notre

raient perdu devant Dixmude « la moitié de leur effectif et 80 pour 100 de leurs officiers ». L'estimation n'est pas trop forte, si l'on y fait entrer les blessés et les disparus. Furent tués le 10 novembre, ou moururent des suites de leurs blessures, le capitaine de frégate Rabot, les lieutenants de vaisseau Baudry, Kirch, d'Albia, de Nanteuil, les enseignes de Montgolfier, de Lorgeril, le médecin principal Lecœur; blessés, le capitaine de vaisseau Varney, le lieutenant de vaisseau Sérieyx, les enseignes Melchior, Kez-Lombardie, de Saizieu, Thépot, les officiers des équipages Paul et Charrier; portés comme disparus, les lieutenants de vaisseau Lucas, Gouin, Modet, l'enseigne Aldebert, le médecin de 1re classe Guillet, le médecin auxiliaire Chastang, l'élève de l'École navale Verdat. (Voir à l'*Appendice* le tableau de nos pertes en officiers, du 10 octobre au 10 novembre 1914.) Parmi les officiers échappés à l'hécatombe qui se distinguèrent au cours de la journée et outre ceux dont nous avons déjà donné les noms, il convient encore de citer le lieutenant de vaisseau Léon des Ormeaux et l'enseigne de 1re classe Geslin dont l'*Officiel* (voir à l'*Appendice*) a relevé la belle conduite.

front de défense, mais un front inexpugnable, bien garni d'artillerie lourde et derrière lequel, exacte au rendez-vous, l'inondation maintenant tendait son inflexible réseau.

Tout le bassin de l'Yser ne faisait plus qu'un lac, une mer morte, sur laquelle Dixmude, avec ses alignements de pierres noircies, s'avançait comme un cap qui s'effrite, un Quiberon désagrégé. La prise de ce « tas de cailloux » avait coûté aux Allemands 10 000 hommes ; 4 000 blessés étaient transportés le lendemain à Liège, d'après les *Nieuws van den Dag*. Et l'on ne comptait pas ceux qui râlaient dans les ambulances du front. En prenant Dixmude, les Allemands s'étaient simplement rendus maitres de deux têtes de pont. Encore est-ce trop dire, car, de la berge septentrionale de l'Yser, nous continuions à commander Dixmude qu'ils tentaient vainement d' « or-

L'INONDATION. — VIEUX MOULIN ET FERMES NOYÉES SUR L'YSER

ganiser » et que foudroyait l'artillerie du colonel Coffec. Tandis que là-bas, entre l'Yser et la digue du chemin de fer de Nieuport, des milliers d'Allemands, devant Ramscappelle et Pervyse, sur les petits tertres où ils avaient hissé leurs mitrailleuses et leurs mortiers, voyaient avec épouvante monter heure par heure autour d'eux le flot impitoyable de l'inondation, dans la région même de Dixmude, où l'amiral avait fait procéder à l'explosion de l'éclusette Sud de la borne 16 (1), une colonne allemande de quinze cents hommes, cernée par les eaux, s'enlisait misérablement avec l'îlot qui la portait ; une nouvelle inondation s'ajoutait à la pré-

(1) L'opération fut exécutée par un simple quartier-maître, Le Bellé, porté à l'*Officiel*, sur la liste des médaillés militaires (voir à l'*Appendice*), comme ayant « traversé une rivière pour aller faire sauter la porte d'une éclusette située à quelques mètres des tranchées allemandes ».

cédente ; l'ancien *schoore* de Dixmude
était définitivement reconstitué : ni aujourd'hui, ni jamais, l'ennemi ne pouvait
plus passer.

APPENDICE

I

MISE A L'ORDRE DU JOUR DE L'ARMÉE

(Journal officiel du 26 novembre 1914.)

BRIGADE DES FUSILIERS MARINS

A fait preuve de la plus grande vigueur et d'un entier dévouement dans la défense d'une position stratégique très importante. (Ordre du 26 octobre 1914.)

II

LES PROMOTIONS DE DIXMUDE

(Extraits du « Journal officiel ».)

Le ministre de la Guerre,
Vu le décret du 13 août 1914,

Arrête :

Article unique. — Sont inscrits aux tableaux spéciaux de la Légion d'honneur et de la médaille militaire, les militaires dont les noms suivent :

Pour commandeur.

(Pour prendre rang du 6 novembre 1914.)

M. RONARC'H, contre-amiral : pour la bravoure, la ténacité et l'énergie indomptable avec lesquels il a su résister aux attaques d'un ennemi très supérieur en nombre en lui infligeant de fortes pertes, et se maintenir victorieusement sur ses positions.

Le ministre de la Marine,
Vu le décret du 13 août 1914,

  Arrête :

ARTICLE PREMIER. — Sont inscrits aux tableaux spéciaux de la Légion d'honneur et de la médaille militaire, les officiers, officiers mariniers et marins dont les noms suivent :

BRIGADE DES FUSILIERS MARINS
(Pour prendre rang du 2 novembre.)
Officier.

M. le lieutenant de vaisseau EXO (E.-M.) : excellent officier. A reçu une blessure grave qui a nécessité l'amputation d'une cuisse.

Chevalier.

M. le lieutenant de vaisseau CANTENER (C.-L.) : officier énergique et audacieux. A repris à la baïonnette des tranchées abandonnées par des troupes voisines.

(Pour prendre rang du 12 novembre 1914.)
Officiers.

M. VARNEY (G.-F.-C.), capitaine de vaisseau : commande brillamment son régiment. L'a condui au feu avec autant d'énergie que de prudence.

M. Delaby (F.), lieutenant de vaisseau de réserve : blessé grièvement en conduisant sa compagnie à l'attaque.

M. Séguin (M.-P.-E.-M.), médecin en chef de 2ᵉ classe : dirige le service médical de la brigade avec beaucoup de dévouement et de compétence.

M. Petit-Dutaillis, médecin principal de réserve : médecin et chirurgien éminent. Médecin-major du 1ᵉʳ régiment, a organisé son service et obtenu les meilleurs résultats dans des circonstances difficiles. Blessé le 3 novembre.

Chevaliers.

M. Pinguet (J.), lieutenant de vaisseau : blessé à la tête de sa compagnie en l'entraînant à l'assaut.

M. Gouin (J.-J.-E.), lieutenant de vaisseau : excellent officier. Malgré une blessure au pied, n'a pas voulu être évacué. A repris le commandement de sa compagnie avant d'être complètement rétabli, l'officier qui le remplaçait provisoirement ayant été blessé.

M. de Roucy (S.-M.-R.), lieutenant de vaisseau : blessé une première fois, est resté à son poste, jusqu'à ce qu'une seconde blessure le force à le quitter.

M. Cayrol (R.-L.-M.), lieutenant de vaisseau : resté seul avec sa section de mitrailleuses dans une tranchée abandonnée par sa section de soutien, a maintenu ses hommes et a réussi à les faire retirer en bon ordre. A été blessé à la tête dans cette affaire.

M. Antoine (L.-L.-E.), lieutenant de vaisseau : dévoué et énergique ; malgré une santé précaire, brave toutes les fatigues et conduit admirablement sa compagnie. Blessé le 3 novembre.

M. Bayle (J.-F.), lieutenant de vaisseau : ayant l'épaule traversée par une balle, est resté dans sa tranchée, continuant à diriger ses hommes et ne l'a quittée que sept heures après, au moment de la relève.

M. Soulié (F.-A.-M.), lieutenant de vaisseau : blessé à la tête de sa compagnie.

M. de Lambertye (C.-M.-M.-G.-E.-T.), enseigne de vaisseau de réserve : blessé grièvement d'un coup de baïonnette. Officier très distingué, plein de calme, de sang-froid et d'énergie.

M. de Blois (L.-A.-A.-L.-M.), enseigne de vaisseau de réserve : blessé deux fois. Officier énergique et plein de sang-froid.

M. Dunoyer de Noirmont (E.-G.-M.), enseigne de vaisseau de réserve : blessé deux fois en conduisant ses hommes au feu.

M. de Blic (J.-M.-P.), enseigne de vaisseau de réserve : très brave. Blessé au feu, est resté à son poste dans des circonstances critiques.

M. Bonneau (C.-J.-E.), enseigne de vaisseau du service actif : très grandes capacités professionnelles jointes à une énergie et un sang-froid remarquables. Blessé à l'épaule, n'a pas interrompu son service.

M. Duparc (M.-A.-M.-J.), enseigne de vaisseau de réserve : officier énergique, a pris le commandement de sa compagnie, son capitaine ayant été blessé, et l'a commandée dans des circonstances critiques. Blessé le 3 novembre.

M. Lancelin (L.-E.-R.), médecin de 1re classe, blessé au feu en pansant les blessés.

M. Lefeuteun (R.-C.-A.-J.), médecin de 1re classe de réserve : blessé au feu en pansant les blessés.

M. Le Helloco, aumônier du 2e régiment de fusiliers

marins : d'un dévouement inlassable pour les malades. Blessé grièvement en les soignant.

M. Le Pannéren (E.), officier de 4e classe des équipages de la flotte : a pris deux fois le commandement de sa compagnie, ses capitaines ayant été blessés. Blessé lui-même à la tête de ses hommes.

M. Le Roux (Y.), officier de 4e classe des équipages de la flotte : excellentes qualités professionnelles. Blessé à la tête de ses hommes.

M. Millour (F.-M.), officier de 4e classe des équipages de la flotte : excellentes qualités professionnelles. Blessé à la tête de ses hommes.

M. Amade, premier maître de mousqueterie : grièvement blessé par des éclats d'obus. S'était particulièrement distingué dans le service de ses mitrailleuses.

M. Caroff (Jean), premier maître de mousqueterie : grièvement blessé à la tête de ses hommes.

M. Lizet, premier maître de mousqueterie : grièvement blessé. Brillante conduite au feu dans tous les engagements.

M. Colcanap, premier maître de mousqueterie : a reçu plusieurs blessures dans l'accomplissement de ses fonctions d'adjudant de bataillon qu'il a remplies avec beaucoup d'activité et de courage.

M. Le Masson (Yves), premier maître de mousqueterie : a été blessé grièvement le 26 octobre dans une tranchée après avoir dirigé sa section avec une grande énergie.

M. Celton (Pierre), premier maître de mousqueterie : blessé, a dirigé la compagnie après que venaient d'être blessés le capitaine et le lieutenant.

M. Jego (Eugène), premier maître de mousqueterie : blessé à la tête de ses hommes.

M. Le Breton (Jean), premier maître de mousqueterie : blessé le **24** octobre, a pris le commandement de la compagnie, les officiers étant tués ou blessés. C'est grâce surtout à sa fermeté et à son courage qu'on a pu enrayer un commencement de fléchissement dans les tranchées le **28** octobre.

M. Fabre (Adophe), premier maître de mousqueterie : blessé le **24** octobre. Excellent chef de section.

Médaille militaire.

(1er régiment.)

Toullec (Antoine), premier maître fusilier.

Nedelec (Joseph), maître fusilier.

Le Pevedic (Joseph), second maître fusilier.

Perron (René), second maître fusilier.

Cloarec (Yves), second maître fusilier.

Jacq (Yves), second maître fusilier.

Manach (François), second maître fusilier.

Yven (Jean), second maître fusilier.

Tillenon (Jean), second maître fusilier.

Gourvil (Victor), second maître fusilier.

Cariou (Yves), second maître fusilier.

Pallier (François), second maître fusilier.

Le Lann (René), second maître fusilier.

Le Roy (Joseph), second maître fusilier.

Le Bourhis, second maître fusilier.

Jocet (Eugène), matelot charpentier.

Faure (André), fusilier auxiliaire.

Max Kiernan (Louis), matelot sans spécialité.

Blanc (Jules), matelot sans spécialité.

Gallien (Louis), matelot sans spécialité.

Lagardère (André), matelot sans spécialité.

(2e régiment.)

Trevien (Julien), quartier-maître fusilier.

Madezo, matelot brancardier.

Jean (Théodore), premier maître fusilier.

Ballouard (Yves), maître fusilier.

Tardivel (Yves), second maître de manœuvre.

Le Coq (Mathurin), second maître fusilier.

Tarchand (Honoré), quartier-maître mécanicien.

Grenon (André), matelot cuisinier.

Fouillen (Julien), matelot mécanicien.

Smet (Noël), matelot mécanicien.

Jaffré (François), second maître fusilier.

Beurnet (Louis), second maître fusilier.

Carel (François), second maître fusilier.

Lozachmeur (François), second maître fusilier.

Chaule (Auguste), matelot réserviste sans spécialité.

Ont été, par leur entrain, leur énergie et leur attitude, un exemple constant de bravoure. Ont été blessés.

(Pour prendre rang du 23 novembre 1914).

Commandeur.

M. Delage (J.-P.-M.), capitaine de vaisseau : commande le 1er régiment avec beaucoup d'activité et de dévouement. Blessé le 23 octobre, n'a pas quitté son commandement et n'est pas encore guéri.

Officiers.

M. Sérieyx (E.-V.-M.), lieutenant de vaisseau de réserve : a été blessé le 10 et fait prisonnier. A cependant réussi à se dégager et a rallié son régiment.

M. Revel (L.-C.-H.-L.), lieutenant de vaisseau de résidence fixe : blessé d'une balle à la cuisse. A donné l'ordre de repli à sa compagnie, qui ne pouvait tenir, en lui prescrivant de le laisser dans la tranchée où il était tombé.

Médaille militaire.

Calvarin (Isidore), 3570-B, quartier-maître fusilier au 2e régiment de fusiliers marins : a été par son entrain, son énergie et son attitude, un exemple constant de bravoure. A été blessé.

Art. 2. — Sur la proposition du contre-amiral commandant la brigade des fusiliers marins, proposition appuyée par le général commandant en chef et le ministre de la guerre, sont inscrits :

*Au tableau d'avancement pour le grade
de capitaine de vaisseau.*

M. le capitaine de frégate Mauros (B.), officier supérieur énergique et prudent, s'est particulièrement distingué dans l'attaque de Vladsloo et dans l'organisation du front défensif de l'Yser.

*Au tableau d'avancement pour le grade
de capitaine de frégate.*

M. le lieutenant de vaisseau Valat (L.-M.-J.) : fait partie de l'état-major de la brigade ; a fourni journelle-

ment un travail intensif et rempli de nombreuses missions
périlleuses.

M. le lieutenant de vaisseau Lefebvre (A.-A.-A.),
adjudant-major de bataillon : s'est distingué par son activité et son dévouement.

*Au tableau d'avancement pour le grade de lieutenant de
vaisseau.*

M. l'enseigne de vaisseau de 1re classe Lartigue (J.-J.-P.):
officier énergique. A montré une très grande valeur professionnelle et militaire lorsqu'il a dû prendre, sous le feu
de l'ennemi, le commandement de sa compagnie à la
place de son capitaine blessé.

M. l'enseigne de vaisseau de 1re classe Pelle-Des-
forges (H.-L.-A.) : fait partie de l'état-major de la brigade. A fait journellement un service très actif et fré-
quemment périlleux.

M. l'enseigne de vaisseau de 1re classe Geslin (E.-A.-L.):
officier de grande valeur. A pris le 10 novembre le commandement de sa compagnie après la mort de son capitaine, a assuré la retraite des débris de cette compagnie
par son courage et son sang-froid.

M. l'enseigne de vaisseau de 1re classe Iliou (R.-M.) :
commande une section de mitrailleuses avec une compétence et une autorité remarquables.

*Au tableau d'avancement pour le grade d'officier princi-
pal des équipages de la flotte.*

M. l'officier de 1re classe des équipages de la flotte
Fichet (J.-B.) : a conduit très brillamment au feu sa
compagnie dont il a dû prendre à deux reprises le commandement, les capitaines ayant été blessés.

*Sont proposés pour la nomination au grade d'officier de
3ᵉ classe des équipages de la flotte :*

M. l'officier de 4ᵉ classe des équipages de la flotte
Maué (A.) : fait preuve, dans ses fonctions de lieutenant
de compagnie, d'une énergie et d'un sang-froid dignes des
plus grands éloges.

M. l'officier de 4ᵉ classe des équipages de la flotte
Simonou (T.-P.) : officier énergique et dévoué, s'est particulièrement distingué dans le combat du 27 octobre.

M. l'officier de 4ᵉ classe des équipages de la flotte
Audoul (C.-C.) : officier actif, énergique et dévoué. A
rendu les plus grands services pour l'organisation et
l'administration de la compagnie des mitrailleuses.

Sont inscrits au tableau d'avancement ;

Pour le grade de médecin en chef de 2ᵉ classe.

M. le médecin principal Vallot (G.-G.) : médecin expé-
rimenté et d'une haute valeur professionnelle. A dirigé
son ambulance avec un zèle, un dévouement et une compétence remarquables. A su faire face en plusieurs circonstances aux difficultés causées par le grand nombre
de blessés.

Pour le grade de médecin principal de réserve.

M. le médecin de 1ʳᵉ classe de réserve Ziégler (I.-T.-C.) :
a rempli avec la plus grande compétence et la plus grande
distinction les fonctions de médecin-major du 2ᵉ régiment
après la mort des docteurs Duguet et Lecœur.

Art. 3. — Sont inscrits aux tableaux spéciaux de
concours pour la Légion d'honneur :

(Pour compter du 3 décembre 1914.)

Pour la croix d'officier.

M. le capitaine de frégate Rabot (E.-L.-J.) : commande son bataillon avec un sang-froid et une énergie remarquables. Disparu le 10 novembre.

M. le capitaine de frégate de Kerros (L.-E.-B.-M.) : commande son bataillon avec un sang-froid et une énergie remarquables.

M. le lieutenant de vaisseau de Ribet (P.) : très brillant officier, a eu à repousser comme capitaine de compagnie de violentes attaques, y a réussi avec un plein succès. Blessé au feu.

M. le lieutenant de vaisseau de Monts de Savasse (M.-J.-B.) : 'officier énergique et prudent. Blessé dans les tranchées.

M. le lieutenant de vaisseau Durand-Gasselin (E.-Y.-E.) : officier très dévoué, méprisant le danger, a rempli nombre de missions périlleuses.

M. le lieutenant de vaisseau Lucas (A.-F.-M.) : officier dont la science militaire, parfaite et prudente, bien qu'énergique, nous a toujours donné le maximum de résultats avec le minimum de pertes.

M. le lieutenant de vaisseau Lorin (M.-A.-C.) : adjoint au commandant du 1er régiment. S'est dépensé, sans compter, nuit et jour, pour assurer la marche du service.

M. le lieutenant de vaisseau Monnot, (L.-E.-F.) adjoint au commandant du 2e régiment : fait preuve journellement, dans les circonstances critiques actuelles, d'une activité et d'une énergie peu communes.

M. le lieutenant de vaisseau de Meynard (C.-F.-M.-R.) :

a assuré d'une manière parfaite le fonctionnement de la compagnie de mitrailleuses. Blessé d'un éclat d'obus.

M. le lieutenant de vaisseau Dordet (N.-A.-E.) : a commandé un bataillon après la mort du capitaine de frégate Marcotte de Sainte-Marie. Y a montré les plus belles qualités.

M. l'officier de 2e classe des équipages de la flotte (réserve) Billant (J.-F.) : 14 ans de grade de chevalier. Avait reçu la croix comme ayant fait partie de la colonne Seymour. Officier plein de bravoure et de sang-froid.

M. le médecin principal Liffran (J.) : médecin accompli. A montré dans la direction de son ambulance une grande activité et de solides qualités de décision et de fermeté.

M. le médecin de 1re classe de réserve Taburet (J.-H.-E.-M.) : officier particulièrement actif et dévoué, intrépide au feu, a traversé comme médecin de bataillon des situations très pénibles.

M. le médecin de 1re classe de réserve Le Marc'hadour (H.-R.) : officier d'un zèle et d'un dévouement remarquables, n'a pas cessé de donner au combat l'exemple d'un sang-froid et d'une énergie inlassables.

M. le médecin de 1re classe de réserve Plouzané (E.-V.) : officier très dévoué et très attentionné, a organisé spécialement le service des brancardiers et de l'évacuation des blessés.

Pour la croix de chevalier.

(Pour compter du 30 novembre.)

M. l'officier de 4e classe des équipages de la flotte Larroque (A.-G.) : a toujours montré les plus belles qua-

lités et donné au feu l'exemple du courage et du sang-
froid.

Pour la croix de chevalier.

(Pour compter du 3 décembre.)

M. le lieutenant de vaisseau de réserve DE MALHERBE
(F.-R.) : commande sa compagnie depuis le début de la
campagne avec la plus grande énergie et le plus grand
dévouement.

M. l'enseigne de vaisseau de 1re classe de réserve MEL-
CHIOR (M.-C.-P.), a montré une grande valeur professionnelle dans l'attaque du cimetière de Dixmude, où il a
repris à la baïonnette une tranchée occupée par l'ennemi.

M. l'enseigne de vaisseau de 1re classe de réserve DE
CORNULIER-LUCINIÈRE (A.-C.-L.) : officier actif et dévoué.

M. l'enseigne de vaisseau de 1re classe HILLAIRET
(G.-G.) : a commandé sa compagnie, après la mort de son
capitaine, avec la plus grande distinction, dans des circonstances particulièrement critiques.

M. l'enseigne de vaisseau de 1re classe HUMBERT
(M.-R.) : jeune officier qui a fait preuve, depuis son arrivée, des plus belles qualités.

M. l'enseigne de vaisseau de 1re classe de réserve POU-
LAIN (E.-F.-M.) : déploie, depuis le début de la campagne,
les plus belles qualités d'endurance et d'énergie.

M. l'enseigne de vaisseau de 1re classe de réserve POIS-
SON (V.-M.-A.-C.) : officier d'une compétence et d'un
dévouement complets.

M. l'enseigne de vaisseau de 1re classe de réserve
VIEILHOMME (C.-P.-A.), lieutenant de compagnie : a pris
à deux reprises le commandement de cette compagnie
dans des circonstances très critiques.

M. l'enseigne de vaisseau de 1ʳᵉ classe de réserve
Pion (F.-M.-J.-B.) : a toujours commandé son peloton,
dans les circonstances les plus critiques, avec zèle et compétence.

Les officiers des équipages de la flotte :

M. Souben (E.-F.), officier de 4ᵉ classe : a arrêté avec
sa section un mouvement de retraite des troupes voisines
et a repoussé un assaut sur la chaussée de l'Yser.

M. Ramette (L.-M.), officier de 2ᵉ classe : a pris le
commandement de sa compagnie, son capitaine ayant été
blessé. A montré de l'énergie et du sang-froid.

M. Péronnet (L.-H.), officier de 4ᵉ classe : a montré
beaucoup de courage, de sang-froid et d'action sur les
hommes.

MM. les officiers de 4ᵉ classe des équipages de la flotte
Morin (A.-A.), Devisse (E.-C.), Séveno (H.-E.), Lour-
sel (M.-O.), Raoul (F.-M.), Bonomet (G.-L.), Le Gall
(A.), Paul (H.) : ont toujours montré les plus belles qualités et donné au feu l'exemple du courage et du sang-
froid.

M. Louvart (H.-J.-M.), médaillé militaire au Maroc
pour faits de guerre : commande sa section avec beaucoup d'énergie.

MM. les commissaires de 1ʳᵉ classe Douillard (P.-R.)
et Bellanger de Rebourseaux (H.-C.-L.-M.) : ont déployé,
dans l'organisation et l'administration souvent très difficile de la brigade, des qualités de zèle, d'activité et de
science professionnelle tout à fait remarquables.

M. le médecin de 1ʳᵉ classe de réserve Dupin (F.-C.-
M.-J.-E.) : quatre campagnes de guerre antérieures. Très
dévoué à ses malades.

M. le médecin de 1re classe de réserve Mielvaque (I.-M.-L.) : actif et dévoué.

M. le médecin de 1re classe de réserve Guillet (P.-E.) : très bon médecin, s'est dépensé sans compter pour soigner ses nombreux blessés. Disparu le 10 novembre.

M. le médecin de 1re classe Marin (A.-J.-J.) : assure le service de son ambulance avec le plus grand dévouement.

Les premiers maîtres des équipages de la flotte :

Unvoy (Michel-Mathurin-Guillaume) : courageux et énergique.

Lachuer (Baptiste-Victor) : un modèle de courage et d'énergie. Homme d'une très grande valeur professionnelle.

Sont inscrits aux tableaux spéciaux de concours pour la médaille militaire

(Pour compter du 3 décembre 1914.)

Robic (Jean-Pierre), premier maître fusilier, Lorient 1707.

Vanzini (Camille-Sébastien-Marie), premier maître fusilier, Nantes 16169.

Guiader (Jean), premier maître fusilier, Morlaix 5056.

Pénon (Gilles-Marie), premier maître fusilier, Paimpol 14942.

Bouguen (Louis-Joseph), second maître fusilier, Brest 10155.

Quivoron (Jean-François), second maître fusilier, Conquet 11140.

Mailloux (Henri), second maître fourrier, Brest 6035.

Roux (Maurice), matelot sans spécialité, 36503-1.

Dignac (Urbain), matelot sans spécialité.

Le Goff (Yves), matelot fusilier, 90932-2.

Couillandre (Pierre-Guillaume), second maître fusilier, Audierne 2883.

Ranniau (Yves), matelot électricien, 86968-2.

Louarn (François), matelot électricien, 91695-2.

Le Breton (Gustave), matelot gabier, Quimper 7803.

Allat (Antoine), matelot timonier, Concarneau 5083.

Castiau (Charles), matelot fusilier, Brest 1315.

Ollivier (Louis), second maître fusilier, Saint-Brieuc 14108.

Biraud (Eustache-Emmanuel), second maître fusilier, la Rochelle 1128.

Marc (Émile), second maître fusilier, la Rochelle 1128.

Sergent (Henri), premier maître fusilier, Lorient 750.

Couchouron (Joseph), second maître fusilier, Brest 2700.

Mingam (Yves-Marie), second maître fusilier, Morlaix 5839.

Quéré (Hervé-Marie), second maître fusilier, Brest 12278.

Mestric (Jean), matelot tailleur, 99515-2.

Colobert (Pierre), premier maître fusilier, Lorient 1645.

Kerinec (Yves), maître fusilier, Camaret 803.

Capitaine (Jean), second maître fusilier, Brest 752.

Biphos (Laurent), premier maître fusilier, Bayonne 327.

Lᴇ Bᴏᴛ (François-Marie), quartier-maître fusilier, 94416-2.

Lᴇ Dᴜᴄ (Claude-Marie), second maître charpentier, Morlaix 3280.

Rɪᴏᴄᴜ (Félix-Joachim-Marie), premier maître fusilier, Lorient 2208.

Dᴇʙᴏsᴛ (Georges), second maître torpilleur, 25471-1.

Bᴏᴜʟᴀɴɢᴇʀ (Victor), second maître mécanicien réserviste, 28197.

Mᴀʀsᴏʟʟɪᴇʀ, quartier-maître électricien.

Rᴇɴᴏɴ (Charles), matelot fusilier, 100135-2.

Gᴏᴅᴀʀᴅ (Louis), maître fusilier, Lorient 2312.

Pᴀɪʟʟᴀʀᴅ (Clet), matelot fusilier, Audierne 6886.

Rᴀᴜᴛᴇ (François-Marie), maître fusilier, Lorient 753.

Lᴇ Hᴇʙᴇʟ (Eugène-Marie), second maître fusilier, Lorient 83.

Cʜᴀʟᴍᴇ (Louis-Marie), second maître fusilier, Lorient 9658.

Lᴇ Tʜᴏᴇʀ (Victor,) maître fusilier, Lorient 8965.

Rᴏʙᴇʀᴛ (Louis-Célestin-Joseph-Marie), premier maître fusilier, Nantes 16578.

Bɪɢɴᴏɴ (Émile-Isidore), second maître fusilier, Lorient 1258.

Mᴏᴜʟɪɴᴇᴛ (François-Marie), second maître de manœuvre, Paimpol 26040.

Cᴀʀʀé (Marcel-Jules), second maître fusilier, Lorient 964.

Mᴀʀᴛɪɴ (Marie), matelot chauffeur, 31788-1.

Bʀɪᴄʜᴏᴜ (Gustave), matelot fusilier, Dinan 653.

Tartu (Joseph), matelot fusilier, 93496-2.

Moalic (François), quartier-maître fusilier, Lorient 1994.

Le Duc (Jean), matelot fusilier, Lorient 1057.

Ramone (François-Simon), second maître fourrier, Port-Vendres 1065.

Rennavot (Jules-Charles), second maître fusilier, Brest 1333.

Tous ces officiers mariniers, quartiers-maîtres et marins ont constamment fait preuve d'un grand courage et d'une endurance physique et morale remarquable.

Sont l'objet de propositions extraordinaires :

Pour la croix d'officier de la Légion d'honneur.

M. le lieutenant de vaisseau Daniel (P.-E.) : très belle conduite dans le repli qui a suivi l'entrée des Allemands dans Dixmude le 10 novembre.

Pour la croix de chevalier de la Légion d'honneur.

M. l'enseigne de vaisseau de 2e classe Muller (P.-J.) : très belle conduite dans tous les combats auxquels il a pris part autour de Dixmude.

M. l'enseigne de vaisseau de 2e classe Denoix (A.-L.) : cet officier a montré dans le commandement de son peloton des qualités d'énergie et de sang-froid exceptionnelles.

M. le médecin de 3e classe Arnoult (M.-J.-B.) : a montré depuis le début de la campagne une valeur professionnelle et un dévouement tout à fait exceptionnels.

*Obtiennent un témoignage officiel de satisfaction
avec inscription au calepin :*

M. le lieutenant de vaisseau CANTENER (C.-L.) : a reçu
la croix de chevalier le 5 novembre pour sa conduite
exceptionnellement belle depuis le début de la campagne
de la brigade.

Le 10 novembre, jour où l'ennemi s'est emparé de la
ville de Dixmude, cet officier occupait les tranchées au
nord de la ville avec trois compagnies dont il a pris le
commandement, le commandant du bataillon ayant été tué ;
s'est maintenu dans ces tranchées jusqu'à la nuit, bien
qu'il fût attaqué de front, à revers et sur chaque flanc, a
ramené 450 hommes sur la rive gauche de l'Yser pendant
la nuit dans des circonstances particulièrement difficiles
et pénibles et au prix d'un épuisement complet de sa résistance physique.

MM. les commissaires de 3ᵉ classe MASSE (F.-A.), et
DOYÈRE (B.-L.-C.) : ont montré dans l'accomplissement
de leurs fonctions une capacité professionnelle jointe à
une activité et une énergie remarquables.

MM. les médecins de 3ᵉ classe MASSELIN (Guy), BAIXE
(Gabriel), CHASTANG (F.-M.-T.), ARNOULT (J.-B.-M.), KER-
VELLA (F.-L.-M.), LEISSEN (P.-J.), PIERRE (R.-E.-A.),
CARPENTIER (L.-J.-R.), BERTROU (A.-L.) : se sont toujours
distingués par leur zèle, leur dévouement pour les blessés
et leur courage pour aller les relever jusque sous le feu
de l'ennemi.

Pour la croix d'officier.

(Pour prendre rang du 14 novembre 1914.)

M. PUGLIESI-CONTI, capitaine de frégate : officier d'une
bravoure calme et réfléchie. Chargé de la défense d'une

position, y a montré, dans des circonstances très critiques,
les plus belles qualités militaires.

Pour la croix de chevalier.

(Pour prendre rang du 2 novembre 1914.)

M. GAMAS, lieutenant de vaisseau : conduit admirablement sa compagnie soit au feu, soit dans tous les détails
du service journalier.

(Pour prendre rang du 14 novembre 1914.)

M. LÉON DES ORMEAUX, lieutenant de vaisseau : officier
capable et très dévoué. Conduite au feu remarquablement
brillante dans la journée du 10 novembre.

M. DEVILLERS, enseigne de vaisseau de réserve : a brillamment conduit sa compagnie au feu après que son capitaine eut été blessé.

M. NOBLANC, officier de 4ᵉ classe des équipages de la
flotte : commandant d'une section de mitrailleuses, en a
tiré toujours le parti le plus efficace, grâce à son énergie,
à son sang-froid et à sa bravoure.

M. BERNARD, officier de 3ᵉ classe des équipages de la
flotte : très brave et plein de sang-froid. A pris un grand
ascendant sur ses hommes, dont il obtient le meilleur ren-
dement.

Pour la médaille militaire.

(Pour prendre rang du 2 novembre 1914.)

FAUJOUR, 1ᵉʳ maître fusilier : a pris le commandement
de sa compagnie après que tous les officiers eurent été
blessés, et l'a exercé avec la plus grande bravoure et la
plus vigoureuse énergie.

Audic, 2ᵉ maître de manœuvre : a pris le commandement de sa compagnie après que tous les officiers eurent
été blessés, et l'a exercé avec la plus grande bravoure et
la plus vigoureuse énergie.

(Pour prendre rang du 14 novembre 1914.)

Laurent, 1ᵉʳ maître fusilier : brillante conduite au feu
en toutes circonstances et spécialement dans la journée du
10 novembre.

Prado, 1ᵉʳ maître fusilier : brillante conduite au feu en
toutes circonstances et spécialement dans la journée du
10 novembre.

Ménez, 1ᵉʳ maître fusilier : brillante conduite au feu en
toutes circonstances et spécialement dans la journée du
10 novembre.

Aballéa, maître fusilier : chargé en sous-ordre d'une
section de mitrailleuses, grièvement blessé au combat du
24 novembre.

Pouhel, 2ᵉ maître infirmier : a montré jour et nuit un
dévouement inlassable dans les soins à donner aux nombreux blessés de la brigade.

Le Bellé, quartier-maître fusilier : a traversé une
rivière pour aller faire sauter la porte d'une éclusette
située à quelques mètres des tranchées allemandes.

Le Quentec, quartier-maître fourrier réserviste : a montré une bravoure et un sang-froid à toute épreuve en assurant le service des communications à travers les rues d'un
pays pendant le bombardement.

Primat, fusilier breveté : pointeur d'une mitrailleuse,
par son sang-froid et l'efficacité de son tir, a arrêté une
colonne allemande le 10 novembre, lui détruisant trois
sections entières.

Ringenbach, fusilier breveté : a traversé une rivière à la nage pour rechercher son trépied de mitrailleuse dans les lignes ennemies. A réussi à le rapporter et a aidé plusieurs blessés à rentrer dans nos lignes.

Alain, fusilier breveté : entouré, avec un groupe de ses camarades, par un fort parti d'ennemis, n'a pas voulu se rendre, s'est caché dans une meule de foin, y est resté quatre jours à observer l'ennemi et a réussi à regagner nos lignes en rapportant des renseignements précieux.

Par décision ministérielle du 27 mars et par application des dispositions des articles 270 et 273 du décret du 17 juillet 1908 refondu le 15 juillet 1914, les récompenses suivantes ont été accordées au personnel de la brigade de fusiliers marins.

1° Avancement au grade de 1ᵉʳ maître.

Robert (L.), maître fusilier. Promu à titre provisoire; qualités de tout premier ordre; a fait plus que son devoir en diverses circonstances sur le champ de bataille.

Le Thoer (V.), maître fusilier. A montré un grand courage dans les combats livrés par la brigade, conduit sa section avec un sang-froid et une énergie que l'on ne saurait trop apprécier.

Even (E.-M.), maître fusilier. A pris part à tous les combats de la brigade comme chef de section en faisant preuve de la plus grande compétence et du plus grand courage.

2° Avancement au grade de maître.

Herroux (J.-C.), 2ᵉ maître fusilier. Promu provisoirement, grièvement blessé à la tête de sa section, a été amputé d'une cuisse.

Picart (H.), maître fusilier temporaire du 1er octobre 1914. A rempli les fonctions d'adjudant de régiment, puis de bataillon, y a montré un zèle et une compétence parfaite, a eu à remplir souvent sur le front et sous le feu des missions où se sont affirmées ses qualités de courage, de présence d'esprit et d'intelligence.

Caroff (G. M.), 2e maître fusilier. Disparu le 10 novembre 1914, a conservé le commandement de sa section après la mort de son officier et a fait preuve du plus grand sang-froid et de la plus grande habileté en repoussant brillamment une violente attaque de nuit (cimetière de Dixmude, nuit du 28 au 29 octobre).

Philippe (Y.-M.), 2e maître fusilier. Promu provisoirement à compter du 1er octobre, a commandé avec intelligence et habileté une section de mitrailleuses pendant l'absence de son chef. A été blessé; revenu après guérison, a reçu définitivement le commandement d'une section et y donne toute satisfaction.

Cloarec (F.-M.), 2e maître fusilier. Disparu le 10 novembre, s'était déjà distingué par son sang-froid et son calme dans le combat du 21 octobre. Le 10 novembre, ne s'est replié que devant un ennemi supérieur en nombre et après avoir rendu sa mitrailleuse inutilisable.

Corven (J.-L.-M.), 2e maître fusilier. S'est distingué particulièrement le 19 octobre à l'attaque de Beerst. A toujours montré depuis les plus belles qualités militaires; blessé grièvement à Nieuport, en février; trois ans de grade.

Godard (L.), 2e maître fusilier. Promu provisoirement, remplit les fonctions de chef de section et y montre de hautes qualités, soit au combat, soit au cantonnement.

Mettery (A.-P.-M.), 2e maître fusilier. Promu provisoirement. Savoir technique supérieur, homme courageux, calme, s'est tiré à son honneur de missions difficiles et dangereuses.

Le Calvé (E.-V.), 2e maître fusilier. Promu provisoirement, a donné toute satisfaction dans le commandement de sa section.

3° Avancement au grade de 2e maître.

Le Guennec (J.-M.), quartier-maître fusilier. Promu provisoirement. A pris part à tous les combats et s'y est toujours distingué. Chef des éclaireurs d'avant-garde à l'attaque de Beerst.

Charreteur (L.), quartier-maître fusilier. A été promu provisoirement 2e maître, puis maître, ce qui prouve ses capacités.

Celo (P.-M.), quartier-maître fusilier. Promu provisoirement. Excellent chef de demi-section.

Daniel (F.-L.), quartier-maître fusilier. Promu provisoirement. Gradé de premier ordre.

Sanclar (P.), quartier-maître mécanicien. Promu provisoirement. Dévoué, intelligent, courageux, beaucoup d'autorité.

Salaun (O.-F.), quartier-maître fusilier. Promu provisoirement, remplit son rôle de chef de demi-section avec autorité et compétence, excellent gradé au combat et au cantonnement.

Guillo (C.-B.), quartier-maître fusilier. Promu provisoirement. Gradé de premier ordre.

4° Avancement au grade de quartier-maître.

Les matelots fusiliers brevetés :

Pillet (L.). A pris part à la sortie du 18 novembre et a relevé des blessés sous le feu de l'ennemi ; le même jour, a traversé l'Yser pour aller, sous le feu de l'ennemi, incendier une ferme qui gênait notre tir.

Nicolas (Y.). Très belle conduite au feu à Dixmude et a contribué à la prise de Saint-Georges en assurant le fonctionnement de sa mitrailleuse dans un endroit important et très exposé.

Renier (H.). Promu provisoirement. S'est montré, dans le repli du 10 novembre, particulièrement digne de commander. Intrépidité, sang-froid et commandement, il a tout pour faire un gradé.

Laine (J.) et Le Chevanton (L.). Promus quartiers-maîtres, puis 2es maîtres pour la durée de la guerre, ee qui prouve leurs qualités militaires.

Le Moullec (G.), Pichon (J.), Ollivier (L.), Hellec (L.), Ourvouai (J.), Henry (L.), Le Bellé (A.), Mercr (B.), Brillet (R.). Promus provisoirement. Ont toujours montré au combat et au cantonnement qu'ils étaient dignes de leur promotion.

5° *Points exceptionnels.*

Gallais (P.), quartier-maître fusilier. Belle conduite au feu, a relevé sous les balles son capitaine mortellement blessé, 60 points.

Le Basque (J.), matelot sans spécialité. Courage déployé comme brancardier dans l'attaque de Beerst, 40 points.

Brohan (J.), matelot sans spécialité. Placé en faction le 10 novembre au pont de Dixmude, est resté à son poste sous les obus, après y avoir été blessé, et ne l'a quitté que sur l'ordre de son capitaine, 60 points.

Ollivier (L.), quartier-maître mécanicien. Promu temporaire, 40 points.

Borvon (P.), quartier-maître manœuvre. Promu temporaire, 40 points.

Tredaniel (P.), quartier-maître manœuvre. Promu temporaire, 40 points.

Rolland (Y.), matelot fusilier. Blessé, 50 points.

Jahan (M.), matelot boulanger-coq. A pansé sous les balles son capitaine blessé, 60 points.

Simon (A.), matelot gabier. Promu temporaire; excellent serviteur, 40 points.

Chevoir (L.), matelot sans spécialité. Homme de liaison intrépide et adroit, a toujours réussi ses missions, 50 points.

Polto (G.), matelot électricien. Énergique et plein d'entrain sous le feu, 50 points.

Berth (J.), 40 points; Corson (L.), Le Lan (J.), Ollivier (L.), Bernard (J.), 60; Prigent (G.), Laplanche (H.), Lamour (E.), 40; Cap (M.), Thomas (E.), Lales (F.), 30; Queinnec (C.), Fagon (H.), Cadiou (G.), Lidae (S.), Bethuel (C.), Lachenaye (J.), 20; Machefer (A.), Adam (A.), 40; Aubaud (J.), Gaffet (G.), 30; Marrec (J.), 20; Dallemer (C.), 50; Duval (P.), 30; Péron (P.), Raffin (J.-M.), Sirouet (G.), Piriou (E.), Pedel (P.), Gourhaut (E.), Bazille (P.), 40; Coadou (C.), 30; Cornillou (E.), 20; Poupinel (R.), 30; Scotto (E.), 20 points. Se sont distingués sous le feu par leur courage et leur dévouement.

III

LISTE DES PERTES DE LA BRIGADE DES FUSILIERS MARINS EN OFFICIERS JUSQU'A LA CHUTE DE DIXMUDE INCLUSE.

Du 10 au 27 octobre.

TUÉS

Capitaine de frégate . . . . . .　Jeanniot.
Lieutenant de vaisseau. . . .　Le Douget.

Lieutenants de vaisseau ...	DE MAUSSION DE CANDÉ.
—	PAYER.
—	CHERDEL.
—	MARTIN DES PALLIÈRES.
Enseignes de vaisseau.....	CARRELET.
—	SÉRIEYX.
—	BOUSSET.
Officiers des équipages....	HERVÉ.
—	FOSSEY.
—	DODU.
Médecin principal........	DUGUET.

BLESSÉS

Capitaine de vaisseau.....	DELAGE, resté à la tête de son régiment.
Lieutenants de vaisseau ...	DELABY.
—	PINGUET.
—	ENO, mort de ses blessures.
—	RAYMOND.
—	DE MONTS DE SAVASSE.
—	FEFEU, mort de ses blessures.
—	DEMARQUAY.
—	DE ROUCY.
—	CAYROL.
—	PERTUS.
—	HÉBERT.
—	BAYLE.
—	LÉON DES ORMEAUX, resté à la tête de sa compagnie.
—	SOULIÉ.
—	MARCHAND.
—	LANES, mort de ses blessures.
	FERRY.

Lieutenants de vaisseau... Richard, mort de ses bles-
sures.
—   De Ribert.
Enseignes de vaisseau..... De Lambertye.
—   Lecoq, mort de ses blessures.
—   De Noirmont.
—   Bernier.
—   Le Pollès.
—   De Blic.
—   Du Réau de la] Gaignon-
nière.
—   De Blois.
—   Bonnet.
—   Danic.
—   Aubien.
—   Vigouroux, mort de ses
blessures.
Officiers des équipages.... Le Roux.
—   Bonomet.
—   Millour.
—   Golbain.
—   Le Pannerer.
Médecins de 1ʳᵒ classe.... Le Feunteun.
—   Lancelin.
Aumônier du 2ᵉ régiment.. Le Helloco.

Du 28 au 9 novembre.

TUÉS

Capitaine de frégate...... Marcotte de Sainte-Marie.
Enseigne de vaisseau..... Gautier.

BLESSÉS

Lieutenants de vaisseau ... De Chauliac, disparu.
—   Antoine.

Lieutenant de vaisseau.... REVEL.
Enseigne de vaisseau ..... DUPARC.
Médecin principal........ PETIT-DUTAILLIS.

Le 10 novembre.

TUÉS

Capitaine de frégate...... RABOT.
Lieutenants de vaisseau ... BAUDRY.
    —   KIRSCH.
Enseignes de vaisseau..... DE MONTGOLFIER.
    —   DE LORGERIL.
Médecin principal........ LECOEUR.

DISPARUS

Lieutenants de vaisseau ... LUCAS.
    —   GOUIN.
    —   MODET.
Enseigne de vaisseau ..... ALDEBERT.
Élève de l'École navale ... VERDAT.
Médecin de 1re classe ..... GUILLET.
Médecin auxiliaire .... CHASTANG.

BLESSÉS

Capitaine de vaisseau..... VARNEY.
Lieutenants de vaisseau... D'ALBIA, mort de ses bles-
                           sures.
    —   DE LA BARRE DE NANTEUIL,
                           mort de ses blessures.
    —   SÉRIEYX.
Enseignes de vaisseau..... MELCHIOR.
    —   KEZ-LOMBARDIE.
    —   DE SAIZIEU.
    —   THÉPOT.
Officiers des équipages.... PAUL.
                           CHARRIER.

IV

LE DRAPEAU DES MARINS

Le Président de la République, accompagné de M. Victor Augagneur, ministre de la Marine, est allé le 11 janvier, à Dunkerque, remettre à la brigade de fusiliers marins le drapeau conféré aux formations de marins à terre et qui porte l'inscription : « Régiments de marins. »

En présentant le drapeau à la brigade, M. Poincaré s'est exprimé en ces termes :

FUSILIERS MARINS, MES AMIS.

Le drapeau que le gouvernement de la République vous remet aujourd'hui, c'est vous-mêmes qui l'avez gagné sur les champs de bataille. Vous vous êtes montrés dignes de le recevoir et capables de le défendre. Voilà de longues semaines qu'étroitement unis à vos camarades de l'armée de terre, vous soutenez victorieusement, comme eux, la lutte la plus âpre et la plus sanglante. Rien n'a refroidi votre ardeur, ni les difficultés du terrain, ni les ravages qu'a, d'abord, faits parmi vous le feu de l'ennemi; rien n'a ralenti votre élan, ni les gelées, ni les pluies, ni les inondations. Vos officiers vous ont donné partout l'exemple du courage et du sacrifice, et partout vous avez accompli, sous leurs ordres, des prodiges d'héroïsme et d'abnégation.

Le drapeau que je vous confie représentera désormais à vos yeux la France immortelle : la France, c'est-à-dire vos foyers, le lieu où vous êtes nés, les parents qui vous ont élevés, vos femmes, vos enfants, vos familles et vos amis, tous vos souvenirs, tous vos intérêts, toutes vos affections; — la France, c'est-à-dire tout un passé d'ef-

Phot. *Excelsior*

LE DRAPEAU DES FUSILIERS MARINS

forts communs et de gloire collective, tout un avenir d'union nationale, de grandeur et de liberté.

Mes amis, ce sont les plus lointaines destinées de la patrie et de l'humanité qui s'inscrivent, en ce moment, sur le livre d'or de l'armée française. Notre race, notre civilisation, notre idéal, sont l'enjeu sacré des batailles que vous livrez. Quelques mois de patience, de résistance morale et d'énergie vont décider des siècles futurs. En conduisant ce drapeau à la victoire, vous ne vengerez pas seulement nos morts, vous mériterez l'admiration du monde et la reconnaissance de la postérité.

Vive la République! Vive la France!

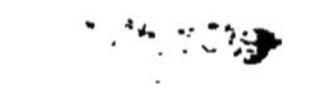

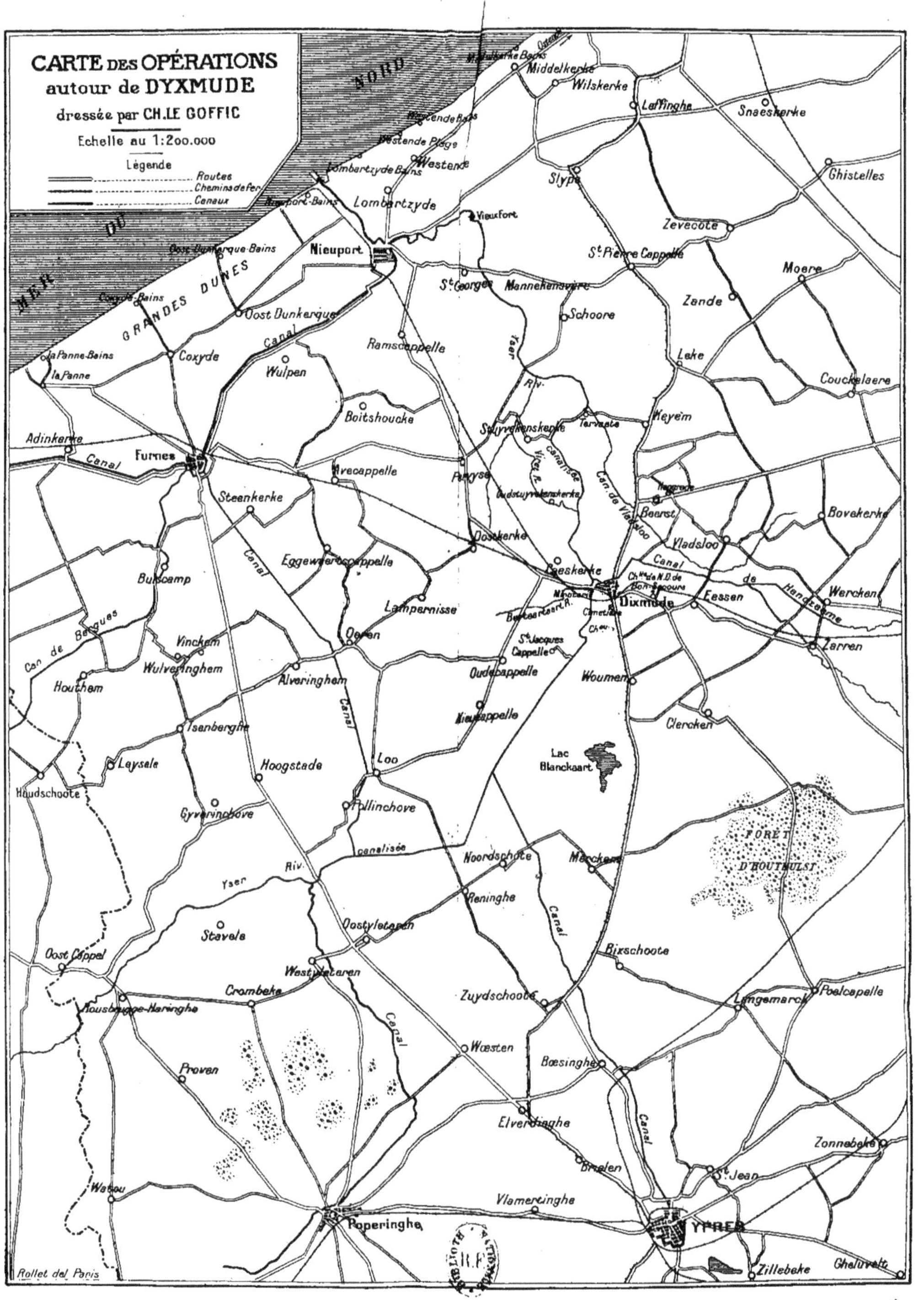

CARTE DES OPÉRATIONS
autour de DYXMUDE
dressée par CH. LE GOFFIC
Echelle au 1:2oo.ooo
Légende
Routes
Chemins de fer
Canaux
MER DU NORD
Westkapelle Bains
Middelkerke
Wilskerke
Laffinghe
Snaeskerke
Westende Bains
Westende Plage
Westende
Slype
Ghistelles
Lombartzyde Bains
Vieux Fort
Zevecote
Nieuport-Bains
Lombartzyde
St Pierre Cappelle
Moere
Oost Dunkerque-Bains
Nieuport
St Georges
Mannekensvere
Zande
MER DU NORD
Coxyde-Bains
GRANDES DUNES
Oost Dunkerque
Schoore
Lake
Couckelaere
la Panne-Bains
Coxyde
Canal
Ramscappelle
Yser
Riv.
Keyem
la Panne
Wulpen
Boitshoucke
Schuyvekenskerke
Tervaete
Adinkerke
Canal
Furnes
Avecappelle
Pervyse
Vieux R.
Canal n°de
Oudstuyvekenskerke
Haggrache
Beerst
Bovekerke
Steenkerke
Doskerke
Can. de Vladsloo
Vladsloo
Eggewaertscappelle
Caeskerke
Canal
de
Handzaeme
Wercken
Canal
Buscamp
Lampernisse
Minoterie
Ch.au de N.D de
Bon-Secours
Essen
Can de Bergues
Oeren
Bertaertaert R.
Cimetière
Dixmude
Vinckem
Oudecappelle
Cheu
Zarren
Wulveringhem
Alveringhem
Canal
St Jacques
Cappelle
Woumen
Houthem
Nieucappelle
Clercken
Isanberghe
Loo
Lac
Blanckaart
Laysele
Hoogstade
FORET
D'HOUTHULST
Houdschoote
Gyverinchove
Pollinchove
canalisée
Noordschote
Merckem
Yser
Riv.
Reninghe
Canal
Stavele
Oostvleteren
Bixschoote
Oost Cappel
Westvleteren
Zuydschoote
Langemarck
Poelcappelle
Crombeke
Housbrugge-Haringhe
Canal
Woesten
Boesinghe
Proven
Elverdinghe
Zonnebeke
Canal
Brielen
St Jean
Watou
Vlamertinghe
Poperinghe
YPRES
Rollet del. Paris
Zillebeke
Gheluvelt

AVIS

Quelque soin que nous ayons apporté à cette relation, nous sentons combien elle est encore incomplète. Bien des actes d'héroïsme sont ensevelis pour jamais dans la nuit. Nous en demandons humblement pardon à leurs auteurs. A côté de ces héros anonymes, il en est d'autres dont les beaux traits de courage ne sont pas venus jusqu'à nous, mais sont connus de leurs proches et de leurs amis. Nous accueillerons avec reconnaissance, en vue des éditions futures, toutes les communications, additions et rectifications qui pourraient nous être faites par ces personnes et que nous les prions d'adresser à la Librairie Plon, 8, rue Garancière, Paris.

TABLE DES GRAVURES

TABLE DES MATIÈRES

PARIS

TYPOGRAPHIE PLON-NOURRIT ET Cie

8, RUE GARANCIÈRE

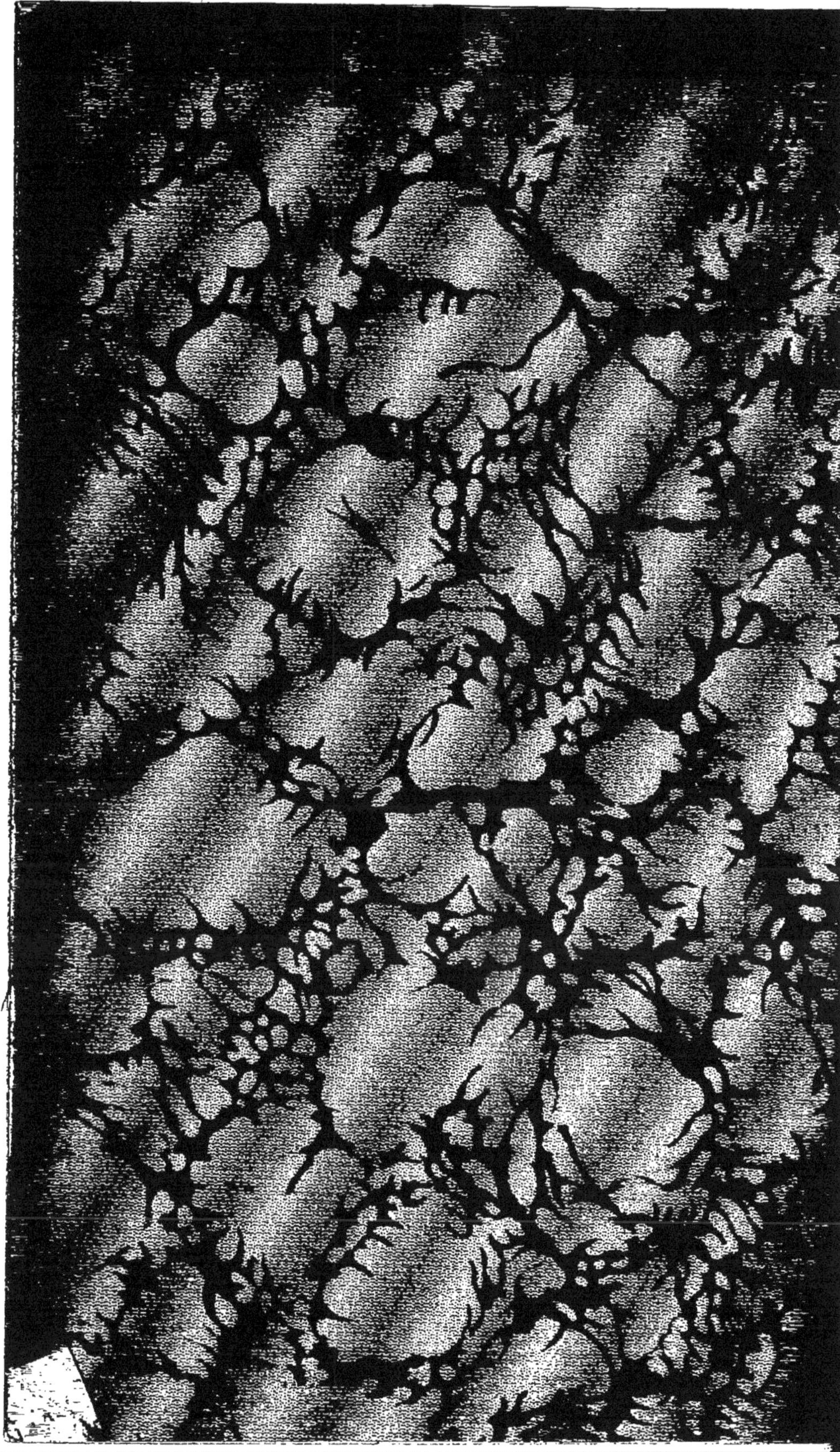

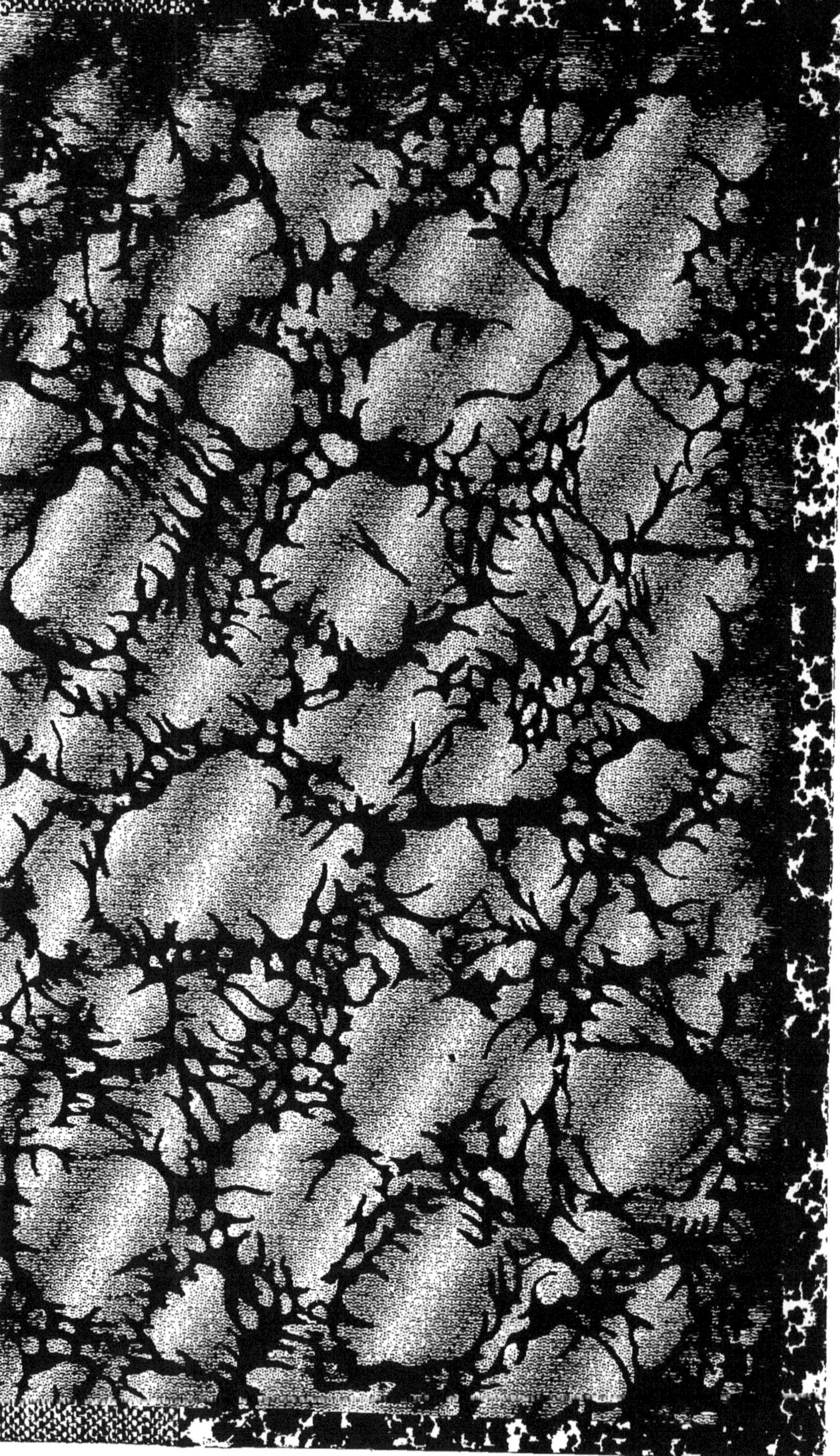

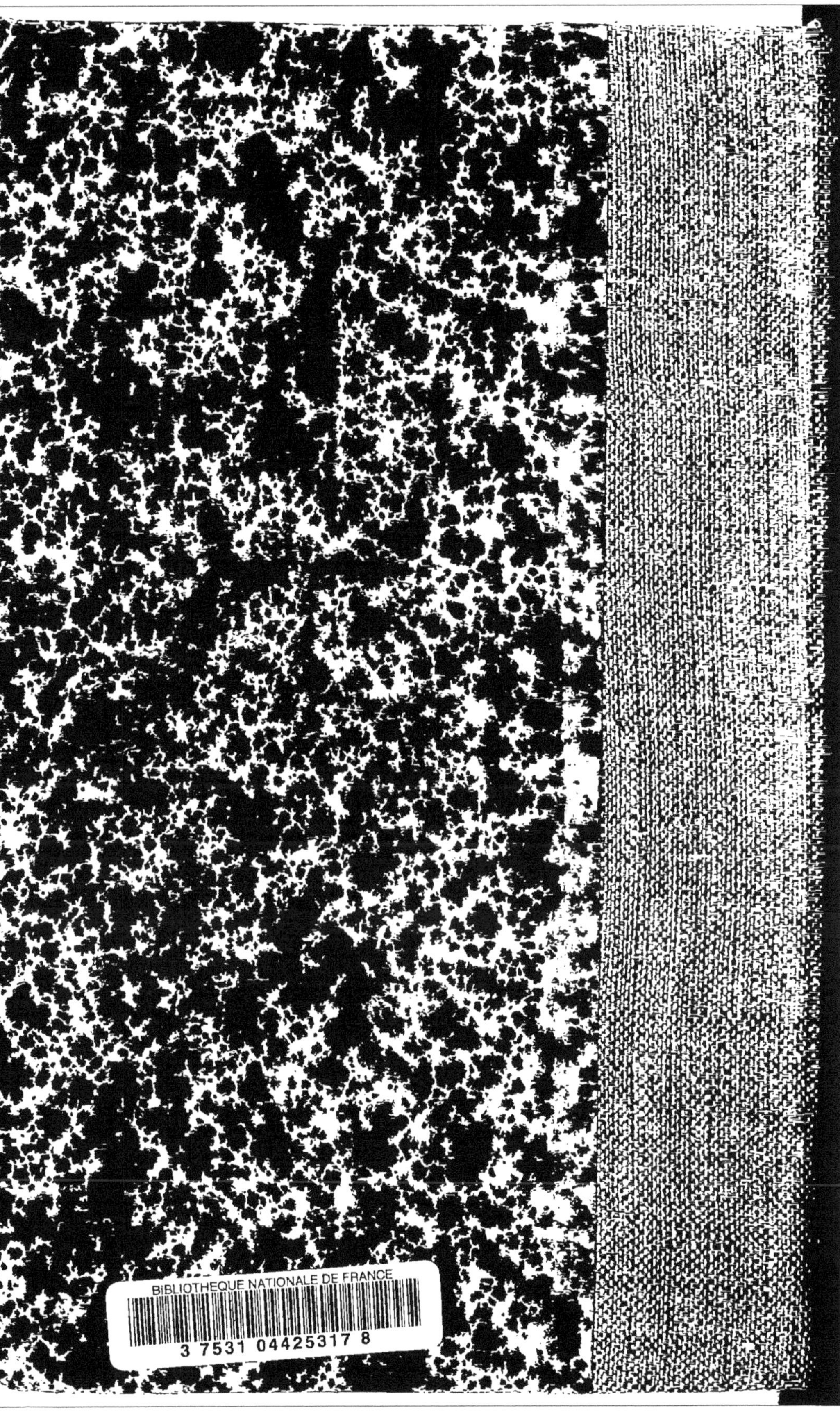

www.ingramcontent.com/pod-product-compliance
Ingram Content Group UK Ltd.
Pitfield, Milton Keynes, MK11 3LW, UK
UKHW022101120726
13694UKWH00001B/284

9 782013 674133